# 日本の聖地を訪ねて

ともこ

世界文化社

# ブルー絶景 BEST11

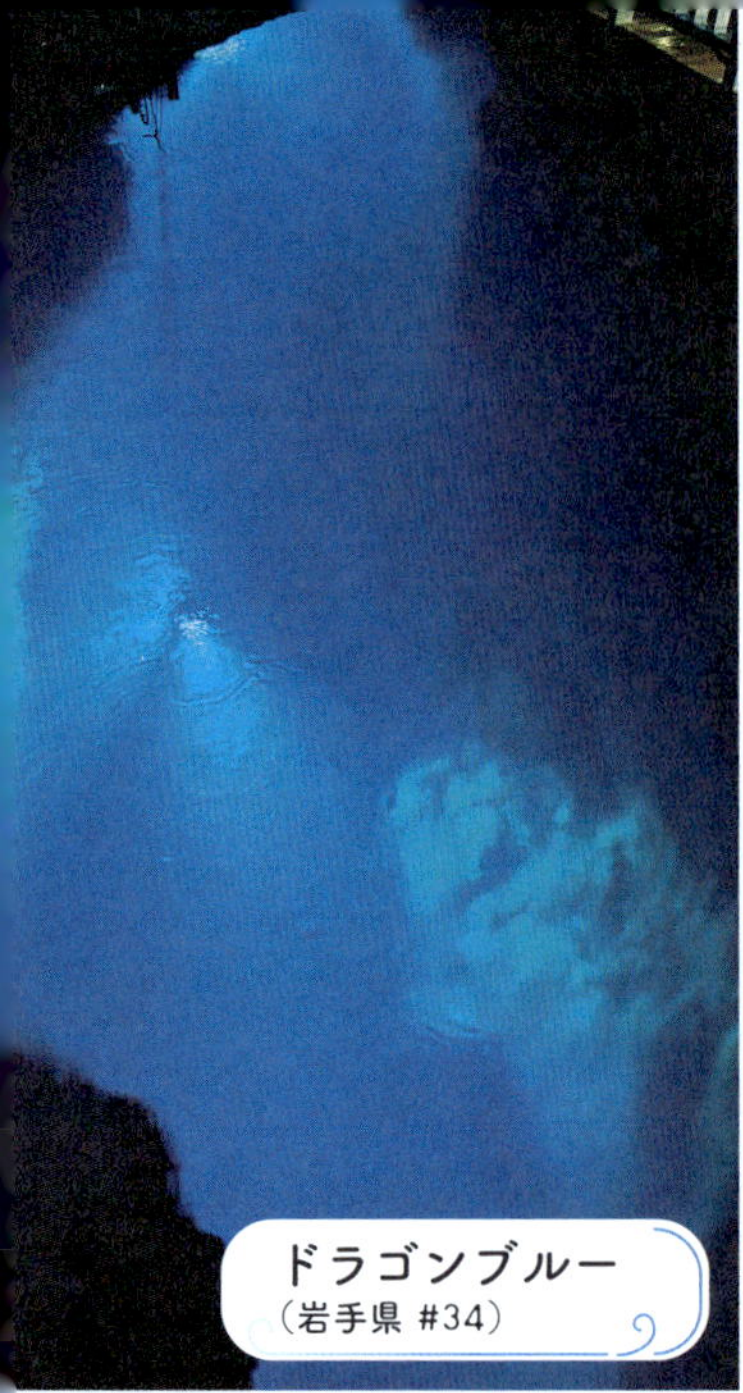

ドラゴンブルー
（岩手県 #34）

摩周ブルー（北海道 #32）

ボニンブルー（東京都 #36）

仁淀ブルー
（高知県 #5）

佐渡ブルー（新潟県 #20）

角島ブルー（山口県 #27）

礼文ブルー（北海道 #33）

波照間ブルー（沖縄県 #24）

与那国ブルー（沖縄県 #24）

琉球ブルー（沖縄県 #35）

宮古ブルー（沖縄県 #16）

# 目次



※本書に掲載されている情報は、現地自治体や各施設、神社仏閣の小冊子等の配布物やホームページ、さらに現地の方々から伺ったお話等に基づいたものです。

## 第3章 完結へ向かう 3年目の旅



大御神社（宮崎県日向市）の新名昭彦禰宜に書いていただき、『家庭画報』連載時に毎月掲げさせていただいた書。「龍のように力強く飛翔し、鳳凰のように華麗に舞う」という発展を祈る意味。家内安全、無病息災、社運隆盛など、皆様の運気が上がり、健康でありますようにとの願いが込められています。

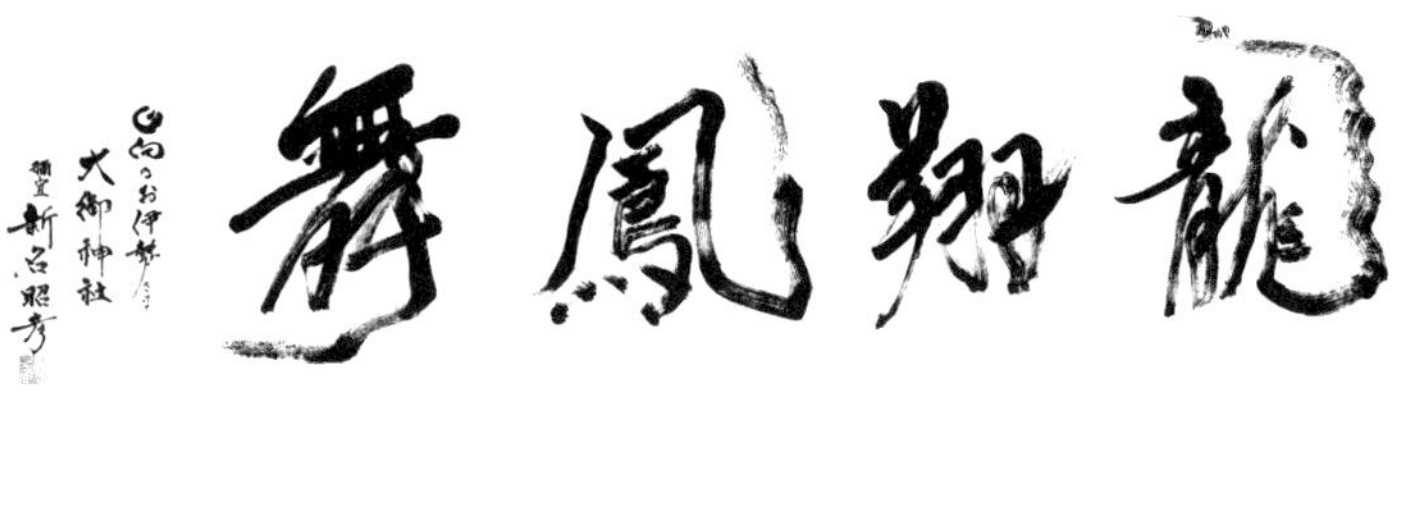

## はじめに

2022年。世界中が変わりゆく時代の流れをとらえきれずにいたタイミングで、壮大なテーマへの挑戦が始まりました。

52歳から始まる、日本の聖地を巡るひとり旅。

思い起こせば、私にとってひとり旅の始まりは高校3年生の時。小学校の修学旅行で訪れた奈良県吉野山へ、卒業レポートのために日帰り旅行をしたことが最初でした。

当時は携帯電話がもちろんない時代。記憶だけを頼りに、京都駅から近鉄電車に乗り吉野駅へ。日本最古のロープウェイに乗って吉野山に着いた時の清々しい気持ちを今でも覚えています。当時の東海道新幹線には食堂車がついていて、帰京の際、ひとりでカレーライスを食べたこと、相席になった老紳士との旅の語らいなどは今でも懐かしく、ひとり旅でしか「聴く」ことができない心の声に、耳を傾けながらの旅でした。

私にとって、旅への興味をかきたててくれたのは、兼高かおるさんと星野道夫さんでした。兼高かおるさんに憧れ、夢中になって見ていたテレビ番組「兼高かおる 世界の旅」。星野道夫さんがアラスカに渡ったストーリーに心惹かれ、トークイベントに参加し、アラスカの魅力を語るどこまでも澄んだ瞳を見て、大自然の魅力に取りつかれていきました。

旅というものは目的地へ行ってただ満足するだけではない。

その後の人生を変えてしまうほどインパクトがあり、人生を豊かにしていくものなのだ。

とお二人から学びました。

私自身がそうであったように、今回の旅連載が、誰かの心の悦びになっていただけるよう、天気の神様に祈り、絶景写真が撮れるポイントを探し続けた3年間でした。思いがけない「発見」もありました。取材を続けていくうちに、もう一つ、テーマが現れてきたのです。

メインテーマになっていたのが、日本列島の聖地を訪ねて、美しき日本の姿を伝えていくこと。そこには、「八百万の神々との出会い、土地との出会い、人との出会い、食との出会い」がありました。最後に現れた……いや正確には途中から気づき始めていたもう一つのテーマ、それが「自分との出会い」つまりは「今存在している自分とのつながり（魂の記憶）を辿る」というものでした。

２０２０年12月から約２００年ぶりに始まったとされる占星術で言う「風の時代」。物質的な豊かさより、内面の豊かさに価値が高まる心の時代に沿った、本当の自分に出会う「導かれの旅」。

これこそが、新時代の大人の旅ではないだろうか？

新時代の大人の旅とは、「頭で考え行動するという旅のスタイルから、インスピレーションでふっと感じたことに導かれ訪れていく旅のスタイル」。

50歳を過ぎ、導かれるままに訪れていった旅が、人生の答え合わせの旅だと気づくことができたのは、様々な経験をしてきたからこそ……と思いました。そして「聖地」とは、そんな人々の心の願いを叶えてくれる慈愛に満ちた場所でした。

龍体であると言われる日本列島ですが、連載が残り僅かになっていた時、ふと気になって国土地理院地図上で、それまでに訪れた取材地を線で結んでみました。するとそこに「東を向いた馬の形」が！

『日いづる国・日本は、東を向いた神馬でもあった』

出会ってきた絶景シーンが走馬灯のように思い出され、何度も何度も、地図を見つめていました。

＊＊＊＊＊＊＊

3年間（取材日数は１１７日間）で一日中、雨に降られた日はなく、傘をさしたのはたったの8日のみ（究極の晴れ女！）。

数か月前から予約した日程は、思わぬ台風接近があったり、晴れていても出航するか分からないとされる離島への旅を含め、1回たりともキャンセル、変更なく取材を終えることができ、まさに奇跡。安全無事に旅を続けられたことは、いただいたご縁あってこそと、すべてに感謝しかありません。

この本を通して、手に取ってくださった皆さまと「36か所・日本の聖地巡礼の旅」をご一緒できることを大変嬉しく思うのと同時に、圧倒的な美しさを誇る日本の魅力を感じていただければ幸いです。

第1章

# 魂が導かれた1年目の旅

# 無我夢中の船出 ～予期せぬ旅の始まり～

「国譲り神話の足跡を辿る」。日本各地の聖地を訪ね歩くという壮大な構想を胸に、私は雑誌の連載ページに寄稿するため、日本の聖地巡りの旅を始めました。しかし、時は２０２２年。世界的なパンデミックの影響下での旅立ちとなりました。当初の計画通りには進まないかもしれない――わずかな不安を抱えながらも、閉塞的な世の中に聖地のパワーを届けたいという思いで、まずは一歩を踏み出すことにしたのです。けれど、コロナ禍という特殊な状況は、思いがけない方向へと私を導きました。当初は予定していなかった富士山が旅の第一歩になり、人々の往来が少ない離島やエリアへと足を向けることになったのです。

予定していた場所に行けないもどかしさはありましたが、それは新たな発見への扉を開くことになりました。「コロナの状況を見ながら」という柔軟な姿勢で臨んだことで、思いもよらない聖地との出会いが実現するなど、振り返れば、この無我夢中の旅立ちこそが、その後の展開の伏線となっていたのかもしれません。計画通りにはいかないからこそ、心を開いて目の前の出会いに向き合う。そんな姿勢が自然と身についていきました。

富士山から始まり、離島を巡り、そして青い水の世界へと導かれていく……。その一つひとつが、かけがえのない物語を紡いでいったのです。

## 神々との邂逅 〜聖地が語りかけるもの〜

室戸岬（高知県）での体験は、私の中で大きな転換点の一つとなりました。突端に立った時、ここが神々の降り立つ場所なのだと直感的に理解できたのです。強い潮風を受けながら、空と海が溶け合う水平線を眺めていると、空海が悟りを開いたという言い伝えも、決して誇張ではないと感じられました。それまで生きてきた中で味わったことのない神秘的な空気が、そこには満ちていたのです。

その後訪れた眞名井神社（京都府）での体験も、私の心に深く刻まれています。眞名井原案内人のKさんに案内され、御祭神の左側で左手をかざした時、目には見えない不思議な力を感じました。磐座《いわくら》（神が宿る岩石）から感じるエネルギー、そこに宿る荒御魂《あらみたま》の存在。それは科学では説明できない、しかし確かに実在する何かでした。摩訶不思議な体験により、この日本の地に古くから伝わる神々の存在を、身をもって知ることになりました。厳かな空気に包まれた神社で、私は人智を超えたものの存在を教えられました。それは本を読んで得られる知識とは異なる、体験を通じてのみ理解できる真実でした。この気づきは、その後の旅の方向性にも大きな影響を与えることになります。なぜなら、私の中で「聖地」の定義を大きく変えることになる経験だったからです。それは単なる歴史的な場所や、観光地としての名所旧跡ではない、人々の祈りと、土地が持つ力が重なり合う場所。そこでは、目に見えない世界との対話が可能になるのではないだろうか……と感じ始めました。

## 導かれる旅路 ～偶然の中の必然～

不思議なことに、私が訪れた後、その場所がメディアで取り上げられることがたびたびありました。淡路島や京丹後など、私が訪れた後に旅番組で特集されることがしばしば。まるで私の旅が、眠っていた場所を目覚めさせているかのようでした。この現象は単なる偶然とは思えませんでした。

静かな店に入ると、その後に人が続々と訪れる――そんな不思議な出来事が繰り返されました。それは私に、この旅には何か特別な意味があるのではないかと感じさせました。熊野の旅も、そんな導きの一つでした。用意されていたレンタカーは、スタッドレスタイヤ装備。2月下旬に行くのはまず困難な玉置山ですが、突然の気温上昇もあり、辿り着くことができました。玉置《たまき》神社に到着すると、そこには言葉では言い表せない荘厳な空気が満ちていました。

「この連載が歓迎されている」「自分に何か橋渡しのような役目ができるのではないか」。そんな思いが日に日に強くなっていきました。連載していた雑誌の読者からの「まだ知らない日本の聖地を見てみたい」という声が増えていったことも、この旅が単なる個人的な体験を超えて、多くの人々の心に響くものになっていることを実感させてくれました。こうした体験の積み重ねは、私の旅に確かな方向性を与えてくれました。それは決して独りよがりな道のりではなく、多くの人々の思いと響き合う旅だったのです。

## 新たな発見の連鎖 ～深まる神秘との絆～

なるさわ富士山博物館内にある鉱石ミュージアムで自分の誕生石が「ラァーバ（溶岩）」だと知った時も、大きな衝撃を受けました。火山の神様との縁を感じずにはいられませんでした。阿蘇や隠岐のカルデラに心惹かれたのも、きっと偶然ではないのでしょう。カルデラという壮大な地形が作り出す景観に、私は深い感動を覚えました。それは地球が長い時間をかけて作り上げた芸術作品のようでした。

一方で、天候や訪れる時期の重要性も学びました。丹後半島を訪れた時は雨模様の日がありましたが、雨に濡れた木々や岩々が放つ光沢は、晴天時には見られない独特の美しさを見せてくれました。自然が刻々と変化する姿を目の当たりにすることで、その奥深さに触れることができました。

さらに、対馬と壱岐島で「国境」というワードに出会い、新たな興味が芽生えました。かつて大学の卒業論文で「東洋と西洋の架け橋」というテーマを扱った私にとって、それは特別な意味を持つキーワードでした。こうして旅は新たな展開を見せ、当初は1年の予定だった連載の継続が決まったのです。1年目の経験が土台となり、見えない糸に導かれるように、日本の聖地を巡る旅は続いていきます。

1

#1

# 霊峰富士

Sacred Mount Fuji

2

①日本三大名瀑・富士山の雪解け水による白糸の滝。②富士山に発生する笠雲は、末広がりで縁起が良いとされる。③富士山の南麓に位置する「富士山本宮浅間大社」の社殿。④富士山本宮浅間大社の敷地内にある「湧玉池」。⑤神聖な空気に包まれている「山宮浅間神社」の遥拝所。⑥二社巡りの後は、朝霧高原「あさぎりフードパーク」へ。写真は、溶岩が樹木を取り囲み、後に樹木が焼失して円形の穴が開いた溶岩樹型。神秘的な空洞からは雄大な富士山が見える。

# 【霊峰富士】火《か》と水《み》の霊力が宿る美しき聖地——

2022年1月

#静岡県　#山梨県　#国立公園　#世界遺産　#山岳信仰

**訪問先リスト**

富士山本宮浅間大社／
山宮浅間神社（富士宮市）

「富士の山は日本一！」。私たち日本人の心のアイデンティティとも言える霊峰富士。どの角度から見ても完璧なシルエットを見せる神々しい存在です。澄み切った冬の空が、青く美しく広がる中、「富士山本宮浅間大社」から日本の聖地を巡る旅が始まりました。

駿河国一之宮「富士山本宮浅間大社」。約1万7000平方メートルの広大な境内に一歩踏み入れた瞬間から、大地の力強いエネルギーと、どこか懐かしい香りに包まれます。さらに富士山の8合目以上はすべてこの神社の奥宮として神域に含まれ、その敷地面積は約385万平方メートルにも及ぶという、国内屈指の壮大な神社です。

主祭神として祀られるのは「木花之佐久夜毘売命（コノハナノサクヤヒメノミコト）」。桜の美しさを体現した女性の守り神として、美と安産、縁結びの御利益があるとされ、多くの女性の心の拠り所となっています。楼門前には強い

### ともこ's Recommend

**静岡県富士山世界遺産センター**

全長193メートルのらせん状のスロープでは、富士登山の疑似体験ができる。

**富士山・陰陽巡り**

南西・陽の地に「富士山本宮浅間大社」、
対角線上の北東・陰の地に「北口本宮冨士浅間神社」。

パワーを秘めるという「鉾立石《ほこたていし》」があり、古からの神聖なエネルギーを今に伝えています。

　中でも印象深いのは、社殿の右奥に佇む「湧玉池《わくたまいけ》」です。国の特別天然記念物に指定され、富士の恵みである雪解け水が豊かに湧き出ています。その透明度の高さに目を奪われ、静かに佇んでいると、まるで心そのものが水面に溶けていくような〝浄化〟の感覚を覚えました。季節によっては紅葉が池に映り込み、さらに幻想的な景色を楽しむこともできます。

　続いて訪れたのは、全国の浅間神社の中でも最古の歴史を持つ「山宮浅間神社」。本殿を持たないという日本でも珍しい形式の神社です。遥拝所から御神体である霊峰富士を直接参拝します。これこそが最も純粋な富士山信仰の形と言えるのかもしれません。石段を上り、遮るもののない空間から仰ぎ見る富士の姿は、まさに畏敬の念そのもの。

　神聖な霊域で、目の前に鎮座する富士山との一体感は、言葉では言い表せないほどの感動を与えてくれます。この旅を通じて強く感じたのは、日本の聖地が持つ不思議な力です。そこには自然の驚くべき美しさと、それを守り継いできた人々の清らかな魂が宿っています。この調和こそが、私たちの心を癒し、新たな力を与えてくれるのだと実感しました。

1

2

#2

# 伊豆大島

Izu Oshima Island

①2本の巨木の根の間の細道「泉津の切り通し」。自然の強いエネルギーを感じられる。②珍しい玄武岩の黒砂ビーチ「砂の浜」。③三原山の山頂に鎮座する三原神社の鳥居。天気が良ければ、ここから富士山を眺められる。④大島の総鎮守・三原大明神を祀る社殿。⑤大島一周道路に面して突如現れる巨大な地層の切断面。「バームクーヘン」の愛称で親しまれている。⑥「こもれびトンネル」と呼ばれる遊歩道「再生の一本道」。⑦まるで月面のような火山灰エリア・裏砂漠。

訪問先リスト
三原神社（伊豆大島）

# 【伊豆大島】地球の鼓動を体感する奇跡の島

2022年2月

都心から１２０キロ南の洋上に浮かぶ伊豆諸島最大の島、伊豆大島。１都３県にまたがる富士箱根伊豆国立公園に属するこの島は、地球の息づかいや大地の鼓動を直に感じられる特別な場所です。

島のシンボル・三原山（７５８メートル）は噴火を繰り返してきた歴史があり、１９８６年の大噴火による全島避難は、多くの人々の記憶に深く刻まれていることでしょう。三原山の頂に鎮座する「三原神社」は、この大噴火の際、不思議なことに溶岩流が直前で流れを変え、社殿を避けたことから、奇跡の神社と呼ばれました。

三原山の山頂を目指すトレッキングルートはいくつかあり、体力によって選ぶことができます。約２・５キロの「お鉢巡り」では火口を見下ろすことができ、姉妹島であるハワイ島のキラウエア火山を思わせる雄大な景観に出会えます。

特に印象深かったのは、「裏砂漠」と呼ばれる神秘的な溶岩地帯です。黒々

#東京都　#国立公園　#離島

ともこ's Recommend

**◆ 裏砂漠**

「再生の一本道」と呼ばれる道を進むと「裏砂漠・風の丘」への地球体感ルート。

**◆ 椿花ガーデン**

天気の良い日は富士山を眺められる絶景スポット。「芝生広場」でアーシングを楽しめる。

とした溶岩石が広がる大地は、まさに地球そのもの。溶岩の上に身を横たえてみると、大地から湧き上がるエネルギーが身体に伝わり、「地球という大きな存在の中に自分がいる」ことを深く実感しました。

〝母なる地球の息吹〟は、島のいたる所で感じられます。たとえば、東側に位置する「泉津《せんづ》」は神秘の森と光に包まれた聖域として知られ、異世界へと通じているような「泉津の切り通し」は、力強い美しさを湛えています。そして、強い風が吹き抜けるこの島では、まるで自然そのものが心身を浄化してくれる、そんな清々しさに包まれるのです。

都心からの近さと非日常体験の深さのギャップが、伊豆大島の魅力。船や飛行機で気軽にアクセスでき、日帰りでも十分に島の神秘を体感できます。一歩足を踏み入れれば、そこは現代社会から切り離された異空間。火山の地形が作り出す独特の風景は、ジブリ作品を彷彿させる不思議な魅力を放っています。溶岩流の難を逃れた神社、火山活動が生み出した特異な地形、そして島を守り続ける人々の祈り。すべてが調和して織りなす風景の中に、日本の聖地ならではの自然との共存を見出すことができました。

伊豆大島は、地球の鼓動が響く、現代人の心をやさしく癒してくれる特別な島なのです。

#3,4

# 熊野路

Kumano

①丹倉神社の鳥居から石段を下りると御神体の磐座が。②丹倉神社から林道を3キロ進むと大丹倉への入口。岩道を登り断崖絶壁の頂上へ。③落差133メートルの那智の滝。④大峯修験道の聖地と言われる玉置神社・玉石社。⑤七里御浜の日の出。⑥玉置山に鎮座する熊野三山の奥宮。⑦花の窟神社の手水舎横に鎮座する丸石は、御神体である磐座から落ちてきたとされる。体の痛いところをさすってから、岩に触れると治ると言い伝えが。⑧崖の上に佇む神倉神社。社殿の下の広場から、和歌山県新宮市市街地を見渡せる。⑨熊野那智大社・御神木の楠の胎内くぐり。⑩那智山青岸渡寺の山門には「初めから終わり」を意味する”阿吽”ではなく”阿形”の姿で口を開いた2体の狛犬。裏には仁王像が。⑪熊野三山の一つ、熊野本宮大社の神門。くぐると檜皮葺(ひわだぶき)の荘厳な御本殿が現れる。

訪問先リスト

丹倉神社／花の窟神社／産田神社（熊野市）、熊野那智大社／飛瀧神社（那智勝浦町）、熊野速玉大社／神倉神社／阿須賀神社（新宮市）、熊野本宮大社（田辺市）、玉置神社（十津川村）

# 【熊野路】原始自然信仰の祈りと熊野詣

2022年2月下旬

車1台が通れるくらいの細い山道をひた走り、やっと辿り着く秘境のパワースポット「丹倉《あかくら》神社」。熊野三山に参拝者が訪れる以前から信仰の場であり、社殿はなく、祭神も不詳です。御神体となっている巨岩に対面した瞬間、その圧倒的な存在感に言葉を失いました。この出会いは、日本古来の自然信仰に触れ原点を知る、貴重な体験となりました。

磐座信仰は日本独特の自然信仰に深く根ざしています。古代から人々は自然そのものに神の存在を見出し、山や木々、岩といった自然物を崇拝の対象としてきました。目には見えないけれど「尊い何かが宿る場所」として、古の時代から崇められ、人々によって守られてきたのです。

磐座には、現代の神社建築にある整然とした装飾は一切ありません。ただそこにある岩を、神聖なものとして受け入れ、祈りを捧げる。その原始的な信仰の純粋さに心打たれ、空を見上げ、流れゆく雲を見ながら、ゆっくり呼吸を整え、

#和歌山県 #三重県 #奈良県 #国立公園 #世界遺産

ともこ's Recommend

**阿須賀神社**

世界遺産。蓬莱山を御神体とする、徐福ゆかりの地。神代文字で書かれた御朱印が神秘的。

**熊野本宮大社・一文字揮毫**

毎年12月に、宮司が翌年への願いを込めて書き記す「一文字」に開運のヒントが宿る。

自然と手を合わせる自分がいました。長い歴史の中で祈りを捧げてきた人々の思いが、場のエネルギーとして蓄積されているような、神聖な空気に抱かれた感覚……。

丹倉神社から始まり、日本最古の「花《はな》の窟《いわや》神社」、熊野信仰始まりの地といわれる「神倉神社」、天地を結ぶ霊峰玉置山の「玉置神社」、「熊野三山」などを巡る熊野での体験は、私たち現代人が忘れがちな「自然への畏敬の念」を思い出させてくれるものとなりました。日々の忙しさやテクノロジーに囲まれた生活に埋もれていると、自然の存在を「当たり前のもの」として見過ごしがちです。今回の旅のように自然を信仰の対象とし、その力に感謝し敬う文化に触れることは、大切な気づきを与えてくれます。

この聖なる地での体験は、自然に対する私の見方を大きく変えました。それまで風景や癒しの場としか捉えていなかった自然が、祈りとエネルギーが宿る神聖な「存在」として目の前に現れたのです。原始自然信仰は、自然と人との本来のつながりを静かに語りかけてくれているのかもしれません。それは、現代社会で忙しく生きる私たちにとって、心の豊かさを取り戻す一つの〝鍵〟となるのではないかと思いました。

#5

# 土佐

Tosa

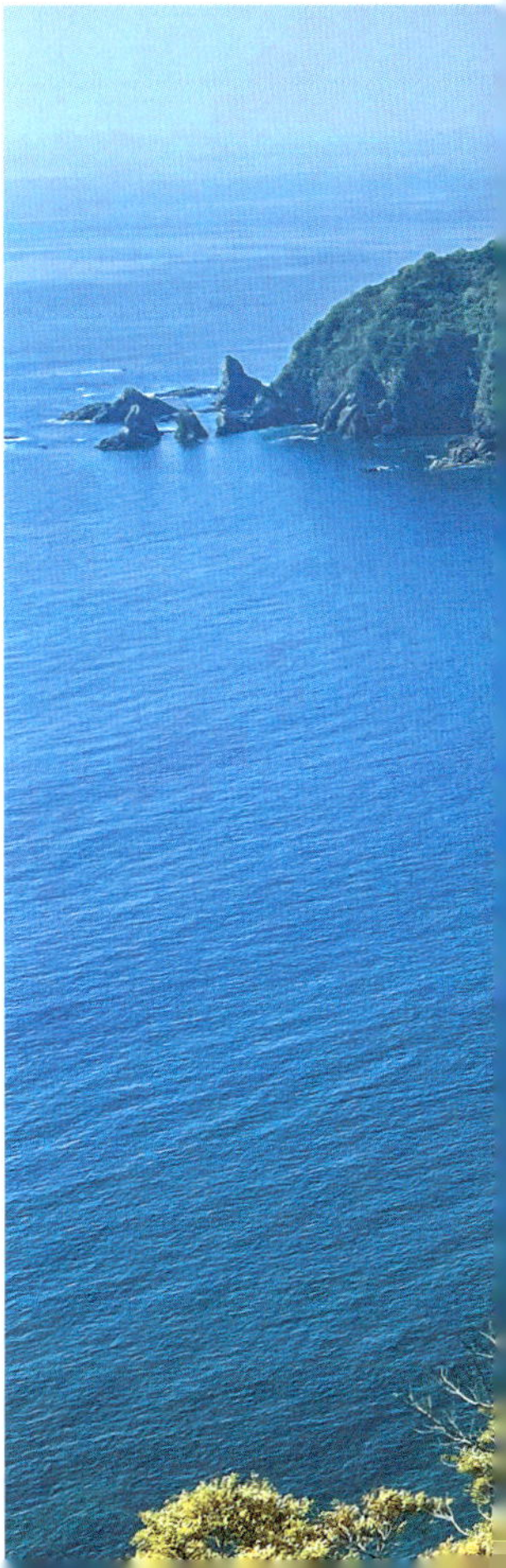

①太平洋に突き出た室戸岬では、日の出から日の入りまでダイナミックな海の景観を堪能することができる。②横浪黒潮ラインからのパノラマ大絶景。③近くに約2.6キロの乱礁遊歩道がある室戸岬の碑。④「空海」の法名を得たとされる御厨人窟。⑤仁淀川支流の枝川川にある「にこ淵」。一年を通して様々な青を見ることができる。⑥土佐国一宮・拝殿。⑦土佐神社の境内にある「礫石」は古代、磐座として祀られたものと考えられている。⑧海から入るように作られた鳴無神社の鳥居と参道。

# 【土佐】空と海と仁淀ブルーに魅せられて

2022年4月

#高知県　#四国　#ユネスコ世界ジオパーク

**訪問先リスト**

唐浜神社（安田町）、五所神社／神明宮／最御崎寺（第二十四番札所）（室戸市）、鳴無神社（須崎市）、青龍寺（土佐市・第三十六番札所）、土佐神社／善楽寺（第三十番札所）／海津見神社（龍王宮）（高知市）

日本最後の清流と言われる四万十川をはじめ、四国山地に源を発する水の聖地である高知。偶然のテレビ番組との出会いから、この地を訪ねる旅が始まりました。2022年4月、墨絵アーティスト・西元祐貴さんの個展を一目見たいという思いが募り、高知県へ。直感から広がった旅は、予想以上の神秘と感動に満ちたものとなったのです。

最初に向かったのは、四国で唯一「ユネスコ世界ジオパーク」に認定されている室戸半島。室戸岬の突端付近に、青年時代の空海が悟りを開いたとされる「御厨人窟《みくろど》と神明窟《しんめいくつ》」はあり、それは太平洋に向かって開かれた神聖な洞窟です。空海の足跡を偲びながら、天と地が結ばれる岬の霊性に触れました。近くには四国八十八か所霊場・第二十四番札所「最御崎寺《ほつみさきじ》」もあり、古来信仰の場として大切にされてきた聖地です。

土佐湾沿いを走る横浪黒潮ラインは、地元の方に教えていただいた絶景ス

ともこ's Recommend

**横浪黒潮スカイライン**

19キロにわたる風光明媚なドライブコース。眼下に雄大な太平洋の絶景が広がる。

**龍河洞**

日本三大鍾乳洞の一つ。観光コース、探検コースがあり、肌で地球の神秘を体感できる。

ポット。そこから見た風景の圧倒的なパワーは、今まで感じたことのないほど強いものでした。太平洋に向かって開けた景色は神々しく、風光明媚な眺めと吹き抜ける風が、心の不要なものをやさしく浄化してくれるようでした。

　次に訪れた仁淀川は、「仁淀ブルー」と呼ばれる神秘的な青さで知られる奇跡の清流。抜群の透明度が生み出す青の世界は、時間帯によっても、見る者の心によっても、青、青緑、天色、浅葱色と表情を変えます。特に「にこ淵」は仁淀ブルーを代表する聖なる場所。大蛇伝説が残るこの地で、午後の光が映し出す幻想的な青の世界に出会えました。

　旅の締めくくりに訪れた「土佐神社」では、思いがけない感動が。土佐の総鎮守として地元で「しなね様」と親しまれるこの神社の拝殿で、目に留まった「正直」という文字が、心に響きました。本殿から奥まったところにある「礫《つぶて》石」は特別なパワーを秘めていると言われ、散策コース「志那祢の森」と共に、古の人々の祈りが今も息づいているようでした。

　高知・土佐の旅で強く感じたのは、太平洋に抱かれた土地が持つ浄化と再生のエネルギー。荘厳な岬、神秘的な清流、そして古代からの信仰が息づく神社。それらすべてが生み出す神聖な空間は、現代を生きる私たちの心を癒し、新たな力を与えてくれる特別な聖地となっています。

## #6

# 淡路島

Awaji Island

①霊峰先山・千光寺で出会ったハートのフォルムの猫。②国生み伝説を思わせる上立神岩。ここで伊耶那岐命と伊耶那美命が夫婦の契りを結んだとされる。③海上安全、四季豊漁の神様を祀る沼島八幡神社の拝殿。④神籬石（ひもろきいし）が祀られる巨石信仰の岩上神社。

(5) 諭鶴羽山の山頂手前に位置する諭鶴羽神社。参道の諭鶴羽古道は表参道と裏参道がある。(6) 日本三大鳥居の一つとされているおのころ神社。(7) 龍神の伝説が残る安乎岩戸信龍神社。洞窟の中から見ると入口が淡路島の形に見える。(8) 天岩戸とも言われる巨石が御神体の岩戸神社。

**訪問先リスト**

伊弉諾神宮／岩上神社（淡路市）、岩戸神社／安平岩戸信龍神社（洲本市）、沼島八幡神社／諭鶴羽神社／おのころ島神社／大和大国魂神社（南あわじ市）

# 【淡路島】はじまりの島で聴く「おのころ」の音

2022年5月

東経１３５度の子午線が通る瀬戸内海最大の島・淡路島。北端には世界で2番目に長い吊り橋である明石海峡大橋が本州とつなぎ、南西端の鳴門海峡では世界最大級の渦潮が、太古からの地球のエネルギーを今に伝えています。現存する日本最古の書物『古事記』で、最初に生み出された「はじまりの島」とされるこの地に残る、神話の足跡を辿る旅へと向かいました。

淡路島の南に浮かぶ沼島は、伊耶那岐命（イザナギノミコト）と伊耶那美命（イザナミノミコト）が天沼矛《あめのぬぼこ》で大海原をかき回し、その雫が凝り固まってできた「おのころ島」の最有力候補地。土生《はぶ》港から船旅わずか10分のこの小さな島には、天の御柱と呼ばれる高さ約30メートルの上立神岩が鎮座し、その神秘的な佇まいは息を呑むほど美しく、心を揺さぶられました。

島の南部、南あわじ市には瀬戸内海国立公園の一部を成す島内最高峰の諭鶴《ゆづる》羽《は》山（６０８メートル）があります。山頂付近に鎮座する「諭鶴羽神社」は、

#兵庫県　#瀬戸内海　#国立公園　#離島

ともこ's Recommend

**沼島**

紀伊水道に浮かぶ「国生みの島」。「おのころさん」と呼ばれる神聖な神体山が鎮座する。

**道の駅 うずしお in うずまちテラス**

高台から大鳴門橋と美しい海を一望できる最高のロケーション。

修験道の元となった神社とされ、熊野三山と並ぶ修験道の聖地として名を馳せています。熊野の神もこの山から渡ったと伝えられていて、その霊験あらたかな雰囲気を今に伝えています。

諭鶴羽古道と呼ばれる登山道からは、徳島や和歌山、小豆島までを一望でき、隠れたパワースポットとして人気があると聞きました。確かに、この地からの眺めは、まさに神々の視界そのもの。古代からの信仰が息づく山々は、訪れる人の心を清めてくれるようです。

淡路島には巨石文化も数多く残されています。山中に忽然《こつぜん》と現れる「岩戸神社」の巨岩は天の岩戸を思わせ、同じく先山に位置する千光寺と共に古代からの信仰の深さを物語っています。２０１６年には「『古事記』の冒頭を飾る『国生みの島・淡路』～古代国家を支えた海人の営み～」として日本遺産に認定され、その文化的価値が改めて評価されました。

淡路島に脈々と受け継がれる神話と自然の調和、凪《なぎ》の季節でも絶えることのない渦潮の轟き、巨石や岩が放つ圧倒的な存在感と神秘的な美しさ、そして山々が湛える静寂……。すべてが国生み神話を彷彿させ、地元の人々の篤い信仰と共に、古代からの神々の物語を今に伝える特別な聖地として、深い感動を与えてくれました。

#7

# 阿蘇・高千穂・日向

Aso, Takachiho, Hyuga

6

5

8

9

7

10

11

①大御神社摂社の鵜戸神社の洞窟の奥から入り口を見ると、岩のすき間が天に昇る龍の形に見える。②龍玉を抱え守る龍神の姿と言われる龍神の霊。③大御神社境内・古代遺跡上のハロ現象。④縁結びの神様として有名な高千穂神にある夫婦杉。⑤旅の始まりに伊予灘上空に現れた鳳凰雲。⑥上色見熊野座神社・社殿背後の大風穴。⑦南小国町にある知る人ぞ知る聖地・押戸石の丘。⑧四季折々の景色が魅力の鍋ヶ滝。高さ10メートル、幅20メートルと横に広い水のカーテンのような滝。⑨押戸石の丘の中でひときわ大きい石は強力な磁気を帯びている。⑩秋元神社。御祭神は国常立尊など三柱。⑪建磐龍命とゆかりの深い伝説の国見ケ丘。

**訪問先リスト**

白川吉見神社(南阿蘇村)、上色見熊野座神社(高森町)、阿蘇神社/阿蘇國造神社(阿蘇市)、小国両神社(小国町)、高千穂神社/天岩戸神社・西本宮/天岩戸神社・東本宮/荒立神社/天安河原/秋元神社/八大龍王水神/槵觸(くしふる)神社(高千穂町)、大御神社/鵜戸神社(日向市)、鵜戸神宮(日南市)、都農神社(都農町)、宮崎神宮/江田神社/みそぎ御殿/宮崎八幡宮/青島神社(宮崎市)

#熊本県　#宮崎県　#九州　#国立公園　#ユネスコ世界ジオパーク

# 【阿蘇・高千穂・日向】「九州のへそ」から聖なる道へ

2022年6月

「九州のへそ」と呼ばれる阿蘇山から南東へ、高千穂、そして日向へと続く〝聖なる道〟を辿る旅に出ました。いつものように機内から景色を眺めていると、九州に入る手前で鳳凰の雲に出迎えられ、空港から車で阿蘇くじゅう国立公園に入ると空気が一変。広大なカルデラは、かつて見たスコットランドのハイランド地方やハワイ島のパーカー牧場を思わせる景観が広がります。その中で人々が暮らす姿は世界でも珍しい光景と言えるでしょう。阿蘇では雄大な大地の鼓動を感じる体験が、訪れる者を必ず魅了すると言っても過言ではありません。萌黄色と空色が織りなす風景は心を解放し、白川水源や鍋ヶ滝に注ぐ清らかな水は、マイナスイオンのパワーで心身を浄化。草原の中を車で爽快に走り抜ける「阿蘇パノラマライン」からの眺めは圧巻で、火山と共に営まれる人々の暮らしが、力強く息づいていました。

太古のパワーが宿る押《おし》戸《と》石《いし》の丘では、先史時代からの巨石文化に出会いまし

ともこ's Recommend

**阿蘇パノラマライン**

世界最大級の火山を望む、九州随一の絶景と言われるドライブウェイ。雄大な眺めが広がる。

**国見ヶ丘**

雲海の名所として全国的に知られている高千穂町にある丘。阿蘇山や祖母連山を眺められる。

た。シュメール文字が刻まれているとされる石が確認されたこの場所は、磁石が不思議な動きを見せる神秘的なスポット。丘の上に佇む巨石群からは３６０度の大パノラマが広がり、古代からの精神性を今に伝えています。

　また、近年パワースポットとして注目を集める高千穂町は、九州最強のスピリチュアルリトリートポイントともされています。三十三番の夜神楽が伝承される「高千穂神社」には、古くから伝わる鎮石《しずめいし》があり、また雲海で知られる国見ヶ丘からの絶景は息を呑むほど美しい。高千穂峡をはじめとする自然美のそこかしこに、神話の世界を見出すことができます。

　旅の終わりに訪れた〝日向のお伊勢様〟「大御《おおみ》神社」は、国内でも珍しい、大海原を見渡す柱状岩を背に立つ神社です。波の音が響く拝殿での御祈禱では自由自在に舞う龍を肌で感じ、瓊瓊杵尊（ニニギノミコト）もご覧になったとされる海から見上げた空にはハロ現象が見え、なんと龍神の姿をしたような雲まで姿を現しました。２０１１年には境内より、龍神信仰の痕跡と思われる昇り龍と龍神の霊（玉）が発見され、縄文時代からの悠久の時の流れと神秘を感じさせる古代遺跡となっています。

　火山と水、そして神々の物語が紡ぐ風景は、現代を生きる私たちの心に、古からの深い癒しと力を与えてくれます。この〝聖なる道〟の旅は、忘れかけていた何かを取り戻す、魂の巡礼となりました。

#8

# 対馬・壱岐島

Tsushima,Ikishima

①竜宮伝説が残る和多都美神社本殿の正面には、2つの海中鳥居がそびえる。②和多都美神社・豊玉姫命の墳墓。③対馬特有の天道信仰の中心地だった多久頭魂神社の御神木。④大鬼が鯨をすくい取るために足を踏んばった跡との伝説が残る周囲110メートルの大穴「鬼の足跡」。⑤神秘的な小島神社は1日2回の干潮の前後数時間だけ、海から砂の参道が現れ、歩いて渡り参拝することができる。⑥絶景地である竜神崎に立つ龍蛇神神社。⑦女獄神社の御神体の巣食石。ゼロ磁場と言われ、エネルギーが溢れる場所として注目されている。⑧例大祭では壱岐神楽が奉納される月讀神社。

4

5

6

7

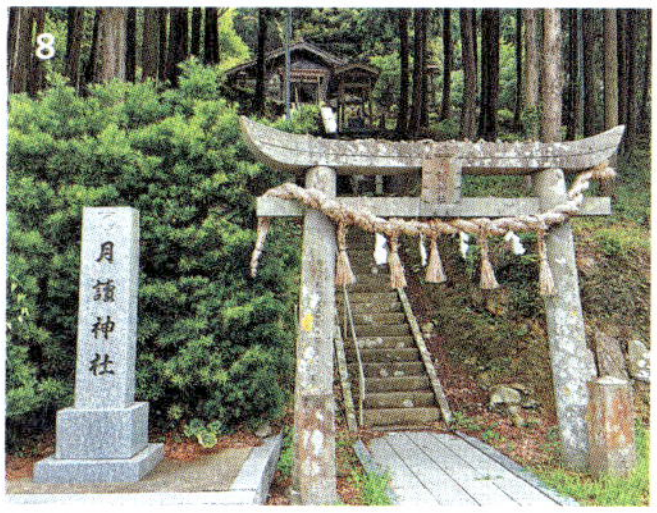

8

訪問先リスト

和多都美神社／海神神社／多久頭魂神社／小茂田浜神社（対馬市）、小島神社／月讀神社／住吉神社／男嶽神社／箱崎八幡神社／女嶽神社／壱岐神社／龍蛇神神社／龍光大神／塞神社／左京鼻龍神神社（壱岐市）

# 【対馬・壱岐島】神々が宿る古代からの架け橋

2022年7月

日本海と東シナ海の狭間に浮かぶ2つの島、対馬と壱岐島を訪ねる旅は、神々の足跡を辿る神聖な巡礼となりました。長崎空港で乗り継ぎ、まず対馬へと向かい、空港に降り立つと、島の自然を象徴するツシマヤマネコの存在を、至る所で感じることができます。レンタカーを借りる際、地元のスタッフから丁寧な説明と共に詳細な観光マップを受け取りました。マップコードが細かく記された資料の数々は、特に島旅では大変役に立ち、この島の観光への真摯な取り組みが伝わって感動しました。

最初に訪れた「和多都美《わたづみ》神社」では、海中へと一直線に並ぶ鳥居の姿に息を呑みました。台風が近づいていましたが、奇跡的に晴れ渡り、境内では、御神木・龍松の木の根が本殿の神様に向かって伸びている、神秘的な光景に出会いました。

裏参道にある豊玉姫（トヨタマヒメ）の墳墓と称される磐座は、これから続

ともこ's Recommend

**豆酘崎(対馬)**

対馬本島最西端の岬。対馬海峡と朝鮮海峡を望む、美しい朝日に出会える場所。

**湯本温泉郷(壱岐島)**

療養規定値約15倍の高濃度温泉。風情あるすべての温泉施設が自家源泉・源泉かけ流し。

く聖地旅の転換点の一つとなる場所でした。海神の娘であり、神武天皇の叔母にあたる豊玉姫を祀る神聖な場所に足を踏み入れた瞬間、不思議な感覚が身体を走ったのです。まるで閉ざされていた何かが開かれたかのような感覚は、後の旅でも豊玉姫との御縁を感じるたびに繰り返されることになります。

　対馬の自然は、リアス海岸が創り出す浅茅湾の絶景や、島の約9割を占める豊かな森林など、神々の宿る風景そのもの。特に豆酘崎《つつざき》からの絶景は、2つの海峡の出会いを実感できる特別な場所だと感じました。

　次に訪れた壱岐島は、島の面積に反して驚くほど多くの神社が点在する神聖な島でした。干潮時にのみ渡ることができる「小島神社」は、「日本のモンサンミシェル」と呼ぶにふさわしい神秘的な佇まい。神域へと続く砂州を歩みながら、古代からの神々の存在を強く感じました。島内に150社以上あるという神社の数々は、弥生時代から続く〝海のシルクロード〟としての壱岐島の重要性を物語っています。また、島のあちこちに見られる龍神の存在は特に印象的で、左京鼻《さきょうばな》など島の端々で龍神の気配を感じることができました。

　対馬と壱岐島という二つの島を巡る旅は、国境の島ならではの異文化と、日本の神話が今なお息づく神聖な場所との出会いでもあり、神代から続く祈りの力を感じ取ることができたこの旅で得た気づきは、後の旅へとつながり、新たな物語を紡いでいくことになります。

1

#9

# 北信濃

North Shinano

①5社からなる戸隠神社の一社・九頭龍社。②戸隠神社奥社の参道にある茅葺きで朱塗りの随神門。境内に邪悪なものが進入するのを防ぐ役割を担う。③戸隠連峰を四季折々に映し出す鏡池。④戸隠神社・奥社杉並木。

3

2

⑤水が雷鳴のように轟音を立てて落下することから名がついた雷滝。滝を裏側から通り、見られることから、別名「裏見の滝」と言われることも。⑥善光寺大本願にあるひとにぎり地蔵。⑦2度の焼失を経て1918年に再建した善光寺の仁王門。門の左右に立つ阿形と吽形が通常の配置と異なるのが特徴。⑧北向きに建立された北向観音。未来往生を願う善光寺に対し、現世利益を願う。

6

7

8

4

5

訪問先リスト

善光寺／戸隠神社（奥社／中社／宝光社／九頭龍社／火之御子社）／象山神社（長野市）、北向観音・常楽寺／生島足島神社（上田市）



# 【北信濃】戸隠連峰の御神氣に触れる

2022年8月

強力なパワースポットとして人気の「戸隠神社」。霊山の戸隠山を基盤に、天の岩戸開き神事で功績のあった神々を中心に祀り、「奥社・中社・宝光社・九頭龍社・火之御子社《ひのみこしゃ》」の5社からなる、創建より２０００年以上を誇る神社です。印象深く心に残るのは、やはり奥社への参道。随神門を越えた瞬間、空気が一変し、３００本余りの杉が作り出す神秘的な空間に、誰もが神域に足を踏み入れたことを実感せずにはいられないでしょう。また、火之御子社では夫婦杉という象徴的な木々に出会い、縁結びや芸能上達の御利益を感じることができました。

そして、言わずと知れた「善光寺」は、7年に一度の御開帳で知られる由緒ある寺院です。「一生に一度は善光寺詣り」と言われますが、仏教の世界観に包まれる境内は、六地蔵などを通じて、深い信仰の歴史を感じることができました。特に印象的だったのは善光寺大本願です。約１４００年の歴史を持つ

ともこ's Recommend

**戸隠神社のおみくじ**

奥社・中社・宝光社の神職による「祈禱御神籤」。ドキリとする内容と言われている。

**高山村**

「星とワインとゆ」高山村では美味しいワインと共に、心身を癒す温泉が堪能できる。

この尼寺は、女性の救済を目的として建立され、今なお多くの女性の祈りの場となっています。ここで購入した「ひとにぎり地蔵」は、不安や迷いを鎮めるお守りとして、今も大切に持ち歩いています。

善光寺での特別な体験は、祈禱付きのおみくじでした。年齢と性別を伝え、授けられたおみくじは、第六十六番日向宮兆。そこには「天照御大神を信心すべし・方角は西の方よし」と記されていました。このおみくじに感銘を受け、今では友人にも勧めているほどです。

また、善光寺と対をなす「北向観音《きたむき》」も訪れました。善光寺が南向きに建立されているのに対し、北向観音は全国的にも珍しく北向きに建てられています。この2つの寺院を参拝することで、現世利益と来世の救いの両方が得られるとされ、多くの参拝者が訪れています。

信濃を巡り歩いていて感じたのは、山々に宿る神々の存在です。戸隠連峰そのものが龍の姿を象徴しているかのようで、至る所に強い生気が感じられました。そして良い温泉と美味しい食事と親切な人々が待っています。「一期一会」の出会いを大切にし、心身が満たされる実感を嚙み締めていると、旅は良いなあと、改めて感じます。どうやらこの地には、心身と運気のバランスを整える力が宿っているようです。そんな旅の醍醐味を、語り部として、多くの人々に伝えていくことができれば本望です。

#10

# 阿波・剣山

Awa, Mourt Tsurugisan

5

①食物の偉大な女神、大宜都比売神を祀る上一宮大粟神社。②神山町を代表する雨乞の滝（雄滝・雌滝）。③上一宮大粟神社境内にある豊玉姫神社。④西日本で2番目に高い標高1955メートルの剣山山頂で巨大な岩石が祀られる劔山本宮宝蔵石神社。⑤石垣が長方形状に囲郭する異形の祠の磐境神明神社。⑥剣山の中腹に鎮座する大劔神社。近くには名水百選「剣山御神水」、別名「若返りの水」が流れる。⑦東祖谷（いや）のほぼ中央に広がる落合集落。⑧剣山山頂からの絶景。⑨平家一族の哀話を秘める秘境「祖谷の蔓橋」。

6

7

8

9

訪問先リスト

上一宮大粟神社（神山町）、劔神社／大劔神社（三好市）、劔山本宮宝蔵石神社／劔山本宮劔神社／白人神社／磐境神明神社／倭大國魂神社／三木家住宅（美馬市）、大麻比古神社（鳴門市）

# 【阿波・剣山】阿波から始まる神秘の旅路

2022年10月上旬

#徳島県　#四国　#山岳信仰

徳島阿波おどり空港に降り立ち、阿波国の神秘を探る旅が始まりました。四国はパワースポットの宝庫と言われるスピリチュアルな島。天候に恵まれた2泊3日の行程で、予想以上の発見と神秘的な体験が待っていました。

最初に訪れた神山町「上一宮大粟神社」で、思いがけない出会いがありました。地元の人々と共に月次祭に参列し、阿部宮司による文学会「勇気の神道」に参加する機会を得たのです。古い歴史を感じさせる境内を散策していると、不思議なことに豊玉姫を祀る社（天石門別豊玉姫神社）に出会います。なぜ海の神がこの地に？　という疑問は、後の旅でも繰り返し現れる神秘的なテーマとなっていきます。

そして、高峰・剣山へ。登山用リフトを使い、山道を進みながら、美しい景色と厳かな空気に包まれていました。山頂を目指す道のりの途中では、「大劔神社」の「天地一切の悪縁を断ち、現世最高の良縁を結ぶ」という力強い言葉

ともこ's Recommend

**剣山**

日本百名山の中でも非常に登りやすい山とされる。途中までリフトで行くことができる。

**霊山寺**

四国遍路のスタート地点・第一番札所。周辺の店の和菓子・スイーツがどれも美味。

に出会います。

剣山の名の由来にかかわる「劔山本宮宝蔵石神社」の裏には、3メートルもの巨大な磐座があり、謎多き存在としてさまざまな説があります。こちらで引いたおみくじでは「菊理姫（ククリヒメ）」という和合の神様が現れ、様々なご縁がつながるこの旅が導かれているような感覚がありました。

謎多き……と言えば、全国でも珍しい石室造りの「磐境神明神社（いわさかしんめい）」です。130段の石段を上った先には、静寂の世界が広がり、この聖域の姿が古代ユダヤの祭祀場に似ていると言われているのです。このような歴史的ミステリーは、日本の神社の知られざる一面を教えてくれるものでした。

阿波国という旧国名が持つ重みと、そこに息づく神秘やミステリーは、私たちに多くの示唆を与えてくれます。お遍路の第一番札所があることで知られるこの地で、日本の歴史と神秘の深層に触れる貴重な機会を得ることとなりました。また、阿波の女神である大宜都比売命（オオゲツヒメノミコト）との出会いも意義深く、食物の神として崇められるこの神様は、日本の食文化の原点を考えるきっかけを与えてくれました。剣山頂上からのパノラマも心を揺さぶられる絶景で、忘れられません。360度に広がる視界から、悠久の時の流れを感じ、地球のエネルギーを受け取ったように思います。地域の風土記や伝承に触れ、自然に抱かれ、まだ知らない物語の豊かさを実感しました。

#11

# 海の京都

Kyoto by the Sea

①丹後一宮・元伊勢籠神社。②元伊勢籠神社の奥宮の眞名井神社。水に付けられる名前の中で最高の敬称「眞名井」の水を求めて、多くの人が訪れる。③眞名井神社の神聖な湧き水「天の眞名井の水」。

④股のぞきをすることで龍が天に昇る姿が現れる天橋立。空と海が織りなす美景を、清々しい氣と共に感じられる。⑤松林にひっそりと佇む天橋立神社。「磯清水」と呼ばれる湧水が手水として使われている。⑥伊根町にある徐福を祀った神社。⑦国の重要伝統的建造物群保存地区・伊根の舟屋。⑧天皇家とゆかりのある竹野神社。⑨後ヶ浜海岸にある高さ20メートルを誇る巨大な一枚岩の立岩。

4

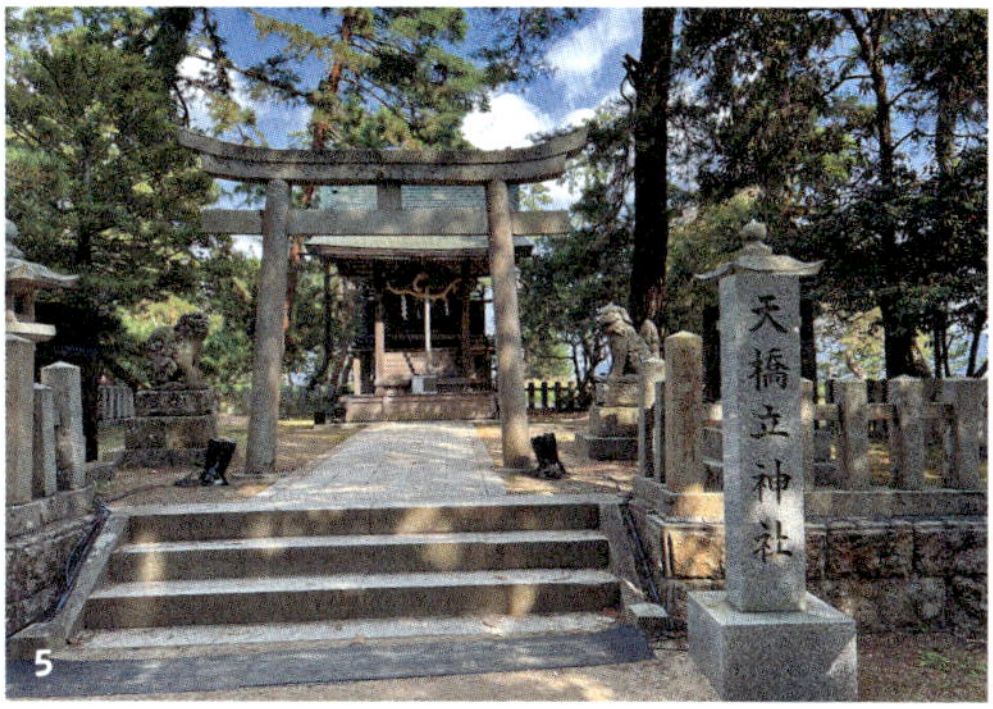

5

6

7

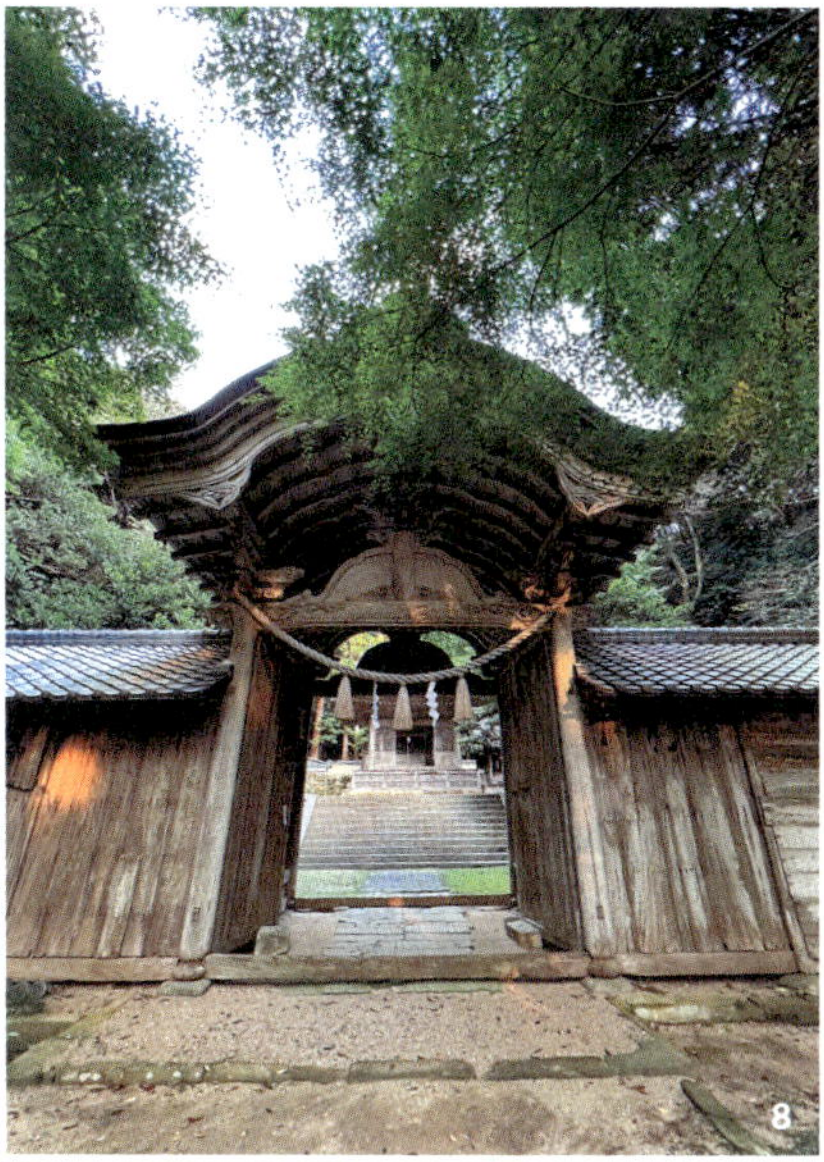
8

9

# 【海の京都】眞名井原で感じる悠久の時の流れ

2022年10月下旬

京都府北部に広がる「海の京都」。かつて大陸との交易の窓口として栄えたこの地を訪れたのは、「眞名井神社」という特別な場所があると聞いたことがきっかけでした。

伊勢へ詣らば　元伊勢詣れ
元伊勢お伊勢の故郷じゃ
伊勢の神風　海山越えて
天橋立　吹き渡る（民謡）

多くの神話の舞台となったこの地に伝わる、『丹後国風土記』には、浦島伝説や羽衣伝説も残されており、神秘のベールに包まれています。「丹後一宮 元伊勢籠神社」の宮司は海部氏が世襲しており、国宝に指定されている通称「海

**訪問先リスト**

元伊勢籠神社／眞名井神社／天橋立神社／智恩寺（宮津市）、竹野神社（京丹後市）、新井崎神社（伊根町）、出雲大神宮（亀岡市）、賀茂御祖神社（京都市）

#京都府　#ユネスコ世界ジオパーク

### ともこ's Recommend

**天橋立サイクリング**

徒歩で渡ると片道約50分だが、自転車だと爽やかな風を感じながら約20分。

**眞名井原案内人ガイド**

神社検定を取得した案内人による、元伊勢籠神社・眞名井神社の1時間ほどのガイド。

部氏系図」は、現存する日本最古の系図と言われています。

近年では、海に囲まれているのに真水が湧く「天橋立神社」、高欄上にある五色の座玉を見られる元伊勢籠神社、古代の祭祀形態である磐座が鎮座する眞名井神社を参拝する三社参りが、運気アップの御利益があるとして、人気になっています。

さて、私をこの地に導いてくれた眞名井神社では、特別な体験をすることになりました。ボランティアガイドのKさんいわく、案内していただいた神社の奥にある磐座にはとても強いエネルギーが宿るとおっしゃいます。磐座に向かって手をかざすとビリビリとした感覚が！「荒魂《あらたま》」と「和魂《にきたま》」という2つの神の性質を、身をもって感じることができました。Kさんからは「日本海側が表で、太平洋側が裏」という考え方も教えていただき、新たな視点を得ることもできました。対外交流の長い歴史を辿れば、日本海側こそが表であったという考え方も理解できます。船が輸送手段の主役だった江戸時代から明治時代にかけては、日本海側を中心に北前船が活躍していました。この時の気づきが、「日本列島を取り囲む海の流れ」へ意識を導いてくれたのです。社務所で見つけた「天之御中主神」の文字が書かれた「四柱軸」（掛け軸）を購入したのは、この神聖な場所との御縁が、今後大切なものになっていくと予感したからでした。

#12

# 隠岐諸島

Oki Islands

①樹齢約800年の古杉、岩倉の乳房杉。②隠岐の島町「日本の滝百選」壇鏡の滝。③樹高約38.5メートル、樹齢約600年のかぶら杉。根本付近から6本の幹に分かれている。④上下の虹梁に胴体を巻き付ける龍がいる伊勢命神社。⑤海士町の名神大社・宇受賀命神社。⑥後鳥羽天皇没後700年祭の1939年に、御神徳をひろめるために創建された隠岐神社。⑦隠岐島前の最高峰、西ノ島町の焼火山中腹にある焼火神社。⑧海抜257メートルの摩天崖でのんびりと草を食べる馬の姿が。⑨知夫里島のシンボルのひとつ、赤壁。⑩知夫村で千年以上の歴史がある天佐志比古命神社。

訪問先リスト

玉若酢命神社／岩倉神社／大山神社／壇鏡神社／水若酢神社／伊勢命神社（隠岐の島町）、隠岐神社／宇受賀命神社（海士町）、焼火神社／由良比女神社（西ノ島町）、出雲大社／須佐神社／日御碕神社／立石神社（出雲市）

# 【隠岐諸島】離島に隠れし神々の世界を往く

2022年11月／2023年8月

イザナギとイザナミが淡路島、四国についで３番目に生んだ島「隠伎之三子島」（現在の隠岐諸島）として、『古事記』冒頭の国生みの神話に登場する隠岐諸島。約１８０の島々と４つの有人島からなり、「島前」と「島後」に分かれています。

島後（隠岐の島町）に降り立った瞬間、「きれい」という言葉が自然と口をついて出ました。ゴミ一つ落ちていない道路、空気の透明感、すべてが信じられないほどに清らか。後に知ったことですが、この美しさは地元の方々の活発なボランティア活動によって支えられているものでした。隠岐の人々の心の美しさが、島の景観に反映されているのです。出会う人々は皆穏やかで、近年では若者の移住者が増えているというのも頷けます。

かつてユーラシア大陸の一部だったという隠岐諸島。火山活動によって海底

#島根県　#ユネスコ世界ジオパーク　#離島

ともこ's Recommend

**ローソク島遊覧船（隠岐の島町）**

見られる確率は69%?!　船長の熟練の舵さばきで、奇跡の瞬間が見えるかも。

**赤ハゲ山展望台（知夫里島）**

知夫里島にある展望台から、世界でも珍しいカルデラ湾に浮かぶ島前の多島美を一望。

から現れ、長い年月をかけて形作られた地形には、地球の歴史が刻まれています。特に島前の西ノ島、中ノ島、知夫里島《ちぶりじま》は全体がカルデラ地形を成しており、外輪山としての島々、カルデラとしての内海、そして中央火口丘の焼火山《たくひやま》が織りなす景観は圧巻でした。

「焼火神社」では、松浦宮司からお点前をいただき、安藤（歌川）広重作の「隠岐焚火ノ社」について学ぶ機会を得ました。現代のテクノロジーを駆使して資料を共有してくださる姿に、伝統と革新が共存する隠岐の姿を見た思いがしました。

島後の名所の一つ「ローソク島」と呼ばれる奇岩を見るため、船長さんの案内で遊覧船に乗り込んだ時のこと。外海の爽快感と日本海の美しさに心を奪われ、海を知り尽くした人だけが案内できる特別な場所に身を置く喜びに、心が震えました。さらに、かぶら杉や岩倉の乳房杉など神秘的な雰囲気が漂う古杉や、荒波が創り出したダイナミックな浸食海岸など、地球の活動がよくわかる地質が守られていることを知りました。また、知夫里島の海水浴場では透明度の高い海に浸かりながら、ここは地球と一体になれる特別な場所だと実感。

隠岐諸島は、地球の記憶と人々の営みが見事に調和する素晴らしい場所でした。清らかな空気、豊かな自然、そして温かい人々との出会いは、必ずまた訪れたいと思わせる魅力に満ちています。この神の宿る島で過ごした時間は、地球と共に在ることの素晴らしさを教えてくれました。

# 日本の聖地巡り

## ——日本の端っこセレクション

3年間に亘る日本の聖地を訪ねる旅。気がつけば文字通り、日本の隅から隅までを巡ることになりました。私が訪れた「こんなところまで行ける！」という端っこで、碑が立っているポイントを、まとめてご紹介します。さらに、超パワースポットと言われる中央構造線上の聖地もあわせてご覧ください。

**❹本土最東端の地 納沙布岬**
（北海道・根室市）
朝日に一番近い街と言われる絶景スポット。

**❻本州最北端の地 大間崎**
（青森県・大間町）
津軽海峡を挟んで、函館市まで17.5キロの距離。

**❽本州最東端の地 魹ヶ崎**（岩手県・宮古市）
重茂半島にあり、岩石は約1億3,000万年前の産物。

**❼本州最南端の地 潮岬**
（和歌山県・串本町）
太平洋に突き出た岬で、約10万平方メートルの大芝生が広がる。

**❾本州最西端の地 毘沙ノ鼻**（山口県・下関市）
視界一面の日本海に沈む夕日を眺める絶景スポット。

**❸日本最南端の地 高那崎**（沖縄県・波照間島）
約1キロに渡って連なる断崖絶壁の海岸線。

※一般の人が訪問可能な地域にある碑の表記を基準に作成しています。

## 3年間に訪れた場所を線で結ぶと東向きの馬の形になりました！

「日本の聖地」旅で私が訪れた36か所について、地図上でポイントして線で結んでみたら、なんと東を向いた馬が現れました。馬は神様の使いと言われます。日本の聖地を隅から隅まで、まさに神馬に乗って駆け巡った3年間。その旅の記録を、多くの方々にお伝えすることができたことを、あらためて振り返ると、これも私の使命だったのだと思えてなりません。

### ❷日本最北限の地 スコトン岬（北海道・礼文島）

日本海とオホーツク海が広がる風光の地。

### ❶日本最北端の地 宗谷岬（北海道・稚内市）

周辺には様々なモニュメントや史跡、文化財がある。

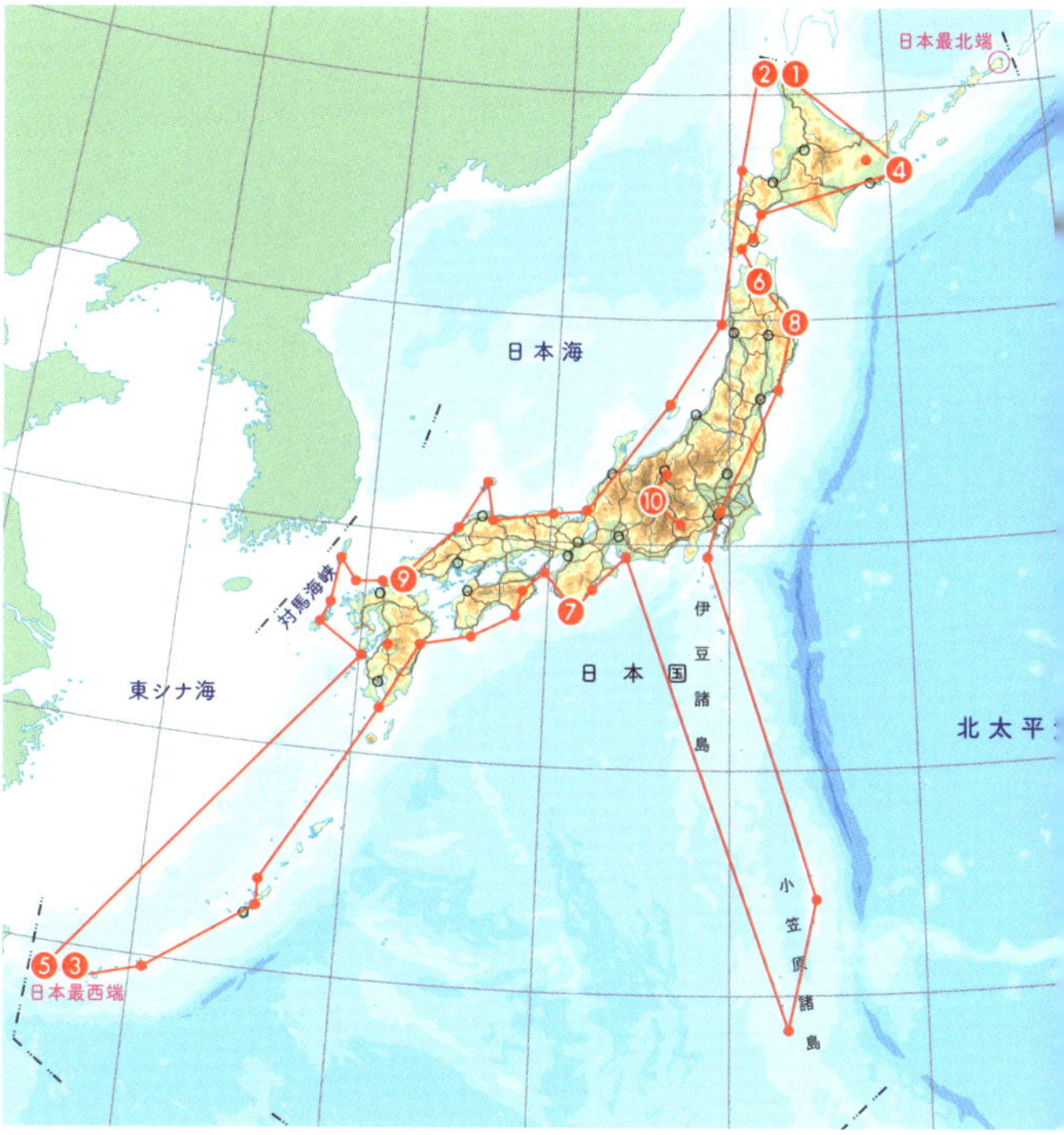


出典：国土地理院ウェブサイト
https://www.gsi.go.jp
「地理院地図」を加工して作成

### ❿中央構造線上 分杭峠と北川露頭（長野県・伊那市／下伊那郡）

断層谷を利用した秋葉街道上にある。

### ❺日本最西端の地 西崎（沖縄県・与那国島）

灯台や展望台があり、台湾までは僅か111キロ。

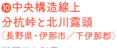

# 新時代の大人旅スタイル

## 旅を決める時の心得

旅先を決める時、私が大切にしているのは「行きたい」という素直な気持ち。それは時として、思いがけない導きとなります。与那国島の西崎《いりざき》展望台で見た海流の地図がきっかけとなり、黒潮の流れに沿って日本の端々を巡る旅が確かな軸になっていったように、あなたの心が「行ってみたい」とささやく場所には、必ず特別な出会いが待っているはずです。

事前に調べるとしたら、春夏秋冬、その土地の景色はどのようなものなのかをイメージして、旬の食べ物を考えたり、自然が映える美しい写真が撮れる時期を意識したりすることで、より充実した旅になります。また、計画を詰め込みすぎないこともポイントです。宿の方や地元の方との会話から、思いがけない絶景ポイントを教えていただくこともあり、そこに暮らす方に教えていただく情報は、旅を豊かにしてくれます。

## 必須アイテムと準備の智慧

事前準備で大切なのは、交通手段の予約。特に島旅の場合は船の時間を考慮し、余裕を持った行動を意識し、可能な限り事前予約を。レンタカーを使う場合は、狭い山道を想定して、コンパクトカーがおすすめです。駅や空港では、現地にしか置いていない観光用の小冊子が必ずあるので、チェックしましょう。

2泊3日程度なら、機内持ち込みサイズのスーツケース一つで十分。必需品は折りたたみ傘、サングラス、常備薬、エコバッグ、帽子、そして絶景ポイントのための双眼鏡。季節を問わず持参したいのが、ネックウォーマーとアンクルウォーマー。特に離島や山では、昼夜の寒暖差が大きいこともあり、たとえば星空観察を楽しむためにも、防寒対策は欠かせません。

靴選びも重要です。私が愛用しているのはトレッキング用のローカットシューズ。雨の日も安心な防水機能と、長時間歩いても疲れにくいクッション性が決め手です。購入する際は、できればネット通販ではなく店頭で。シューフィッターのアドバイスを受けながら、自分の足に合ったものを選びましょう。

お賽銭やご奉納のための小銭入れと封筒も忘れずに。必携は、酔い止め薬。船旅や観光クルーズの際に必要になることがあります。現金は、カード決済ができない宿や店もあるので、余裕を持って準備するのがおすすめ。大切なのは、心身ともに自分を良い状態に保つこと。我慢や頑張りすぎは禁物です。

# 私の旅の必需品と思い出の品

私の旅での持ち物をご紹介します。旅を重ねるごとにセレクトされていった、今では完璧と言えるような必需品の数々です。ぜひ参考にしてみてください。

## 必需品

**❶靴**
本格的なトレッキングシューズとドライビングシューズ。思いがけない山道を歩くこともあるので、特に登山靴は必携。

**❷スーツケース**
機内持ち込み可の小ぶりなもの。

**❸リュックサック**
現地入りしたら、軽量のリュックサックやウエストポーチに必要最低限のものを入れて持ち歩き用にします。

**❹スマートフォン用ケース**
首から下げられるタイプを用意。普段はスマートフォンをポケットに入れていますが、両手をあけておきたい時はこのケースが便利。

**❺常備薬と虫よけスプレー、虫刺されの薬**
私の場合は、胃腸薬、酔い止め薬、葛根湯は必需品。また絶対に忘れてはいけないのが虫よけと虫刺されの薬。虫を侮ると大変なことになります。

**❻防寒グッズとアイマスク**
夏でも意外と涼しい場所や時間帯があり、また冷房の効いた船内などで過ごすこともあるので、ネックウォーマーがあると安心。

**❼熊よけの鈴と笛**
山道を歩く時など、熊をよけるための必需品。鈴は留め具を外してリュックサックに引っ掛けておけば、歩くだけで音が鳴ります。

**❽折り畳めるバッグ**
現地に入ると真っ先にこのバッグを広げて、観光案内所などで入手したパンフレットやガイドをどんどん入れて持ち歩きます。

**❾充電器**
私はスマートフォンで写真も撮るので、電源の確保が生命線。レンタカーの中で電源が取れるソケットも必需品です。

**❿御朱印帳とお守り**
神社参拝の機会が多いので、御朱印帳とお賽銭用の小銭入れは必携。気象神社でいただいた晴守も忘れずに。

**⓫リフレッシュグッズ**
足つぼマッサージやボールなど、旅先での身体のメンテナンスに使えるグッズを用意。使い慣れたもので疲れた身体を癒すことは、意外と大切です。

**⓬ビニール袋やレジ袋**
ゴミ袋にもお土産袋にもなり、濡れたものを入れる時にも役に立ちます。

**⓭マスク**
感染症予防の意味でも、今や必需品ですが、乾燥した機内などでも使えますし、防寒にも便利です。

## 思い出の品

### 阿蘇山の立体地図

阿蘇山ならではの地形がよくわかる立体地図を見つけて感激。

### 気象神社の照々みくじ(上)と晴守(下)

旅立つ前は気象神社に参拝し、照々みくじを引きます。晴守も携えると安心。

### 神代文字の御朱印

徐福ゆかりの阿須賀神社(和歌山県)でいただいた神代文字の御朱印。

### 琉球暦

沖縄ならではのことわざや金言をひとつずつ記した日めくりカレンダー。

### 詩人せいさんの本と絵ハガキ

龍神村で見つけた龍神詩が綴られた小さな本と絵はがき。言葉に触れるたびにエネルギーを感じます。

### ご当地パンフレットあれこれ

眺めるだけでも楽しい気分になるイラストマップや各店の細かな情報、キャッチコピーまで、その素晴らしい工夫に感服。

### 幸運鈴

美しい音色で「場」をととのえてくれる幸運鈴。これはおのころ島神社のもの。

### 大御神社禰宜の書

新名昭彦禰宜にお願いして書いていただいた連載タイトル。現在は額装して我が家に。

### 旅先で見つけたスキンケアアイテム

宮古島で出会ったボディジェル(左)と石鹸(下)、伊計島の化粧水(右)。今では取り寄せるほどお気に入り。

# 現地での過ごし方のコツ

朝型の行動が、旅をより豊かにしてくれます。特に離島では、澄み切った星空から朝日への移り変わりが格別です。宿の朝食は必ず一番早い時間を選択。早起きして迎える朝日は、一生の思い出になるはずです。朝は人も少なく、特に神社では、空気感の違いを感じるでしょう。また私は、ビジターセンターにも必ず立ち寄ります。その土地の自然や歴史について学ぶ時間を持つと、旅に奥行きが加わります。

温泉のある宿では、自分に合ったペースでの入浴がおすすめです。地球からのパワーを感じながら、その日の疲れを癒しましょう。食事は地元の味を堪能。道の駅は、その土地ならではの味に出会える宝庫です。デジタルデトックスを心がければ、なお良し。スマートフォンは必要最小限の使用に留め、目の前の景色や空気を五感で味わうことを大切に。

写真撮影の際は、撮影可能かどうか必ず確認を。特に聖地では、ルールを守ることが最優先です。パンフレットや地図をもらっておくと、後で見返した時の思い出にもなります。また、地元のラジオを聴いたり、観光案内所で集めた情報を旅の記録として残しておくのもおすすめ。私は、ＹｏｕＴｕｂｅで地元の方が投稿している動画を見るのも好きです。観光客目線ではない、ローカルの視点（歴史観）に触れることができます。

## 心に残る旅のために

現地の方々との会話を大切にしましょう。宿のスタッフとの会話は、その土地の魅力を知る貴重な情報源。「上手に話そう」と気負う必要はありません。「食事が美味しかったです」など、素直な感想を伝えるだけでいいのです。その一言から、思いがけない会話が広がることも。

ガイドさんがいる場所では、ガイドツアーの利用をおすすめします。特に自然の中を歩く時は、安全面でも心強い味方になってくれますし、その土地の自然について、より深い知識を得られることもあるでしょう。

何より大切なのは、自分の感覚を信じること。たとえば滝や聖地でも、「気が向かない」と感じたら、その日は訪れない選択をする。この感覚を大切にしているうちに、必要な場所、必要な出会いが自然と訪れるようになります。ゆとりのあるプランで、心と身体をゆっくりと解放させながら、その土地との出会いを楽しみましょう。

# "日本の聖地"旅のなんでも3選

3年間の旅では、美しい景色はもちろんのこと、その土地ならではの食や宿など、素晴らしい出会いがたくさんありました。ここでは特に心に残るその"出会い"の数々を「旅のなんでも3選」としてまとめて紹介します。

## 絶景風呂

- **心のリゾート海の別邸 ふる川**
（北海道・虎杖浜温泉）
月光と津軽海峡の波音に癒される。

- **海と入り陽の宿 帝水**
（秋田県・戸賀ノ風温泉）
戸賀湾の極上夕日と流れ星を堪能。

- **ホテルニューアワジプラザ淡路島別邸蒼空**
（兵庫県・南あわじ温泉）
大鳴門橋と夕日が印象派の絵画のよう。

## 星空の露天風呂

- **あかん遊久の里 鶴雅**
（北海道・阿寒湖温泉）
静寂に浮かぶ雄阿寒岳と夜空が魅力。

- **伊計島温泉AJリゾートアイランド伊計島**（沖縄県・伊計島）
琉球の風と龍神と星々に抱かれる。

- **The Mana Village**
（高知県・土佐清水市）
太平洋を一望しながら天の川観察。

## 良質温泉

- **下風呂観光ホテル 三浦屋**
（青森県・風間浦村）
室町時代の記録にも残る湯治場（硫黄泉）。

- **蔦温泉旅館**
（青森県・十和田市）
源泉の上に浴槽がある千年の秘湯。

- **霧島温泉 天テラス**
（鹿児島県・霧島市）
名湯霧島温泉・源泉かけ流しの湯。

## 絶景聖地

- **千尋岩**
（東京都・父島）
惑星地球を丸ごと感じる大パノラマ絶景。

- **西崎**
（沖縄県・与那国島）
海のシルクロード・黒潮の迫力に感動。

- **桃岩展望台**
（北海道・礼文島）
蝦夷富士三山レイライン・氣の絶景。

## おもてなしの宿

- **島のひかりが彩なす海の宿 羽衣荘**
（島根県・隠岐の島町）
隠岐の食とお酒を最高の笑顔でもてなす宿。

- **天草下田温泉 湯の郷くれよん**
（熊本県・天草市）
女将の笑顔とお弁当の気配りが嬉しい宿。

- **花れぶん**
（北海道・礼文島）
てるてる坊主と一言に込められたおもてなし宿。

## 料理

- **御食国若狭の海、食、文化を堪能する宿 若狭佳日**
（福井県・小浜市）
若狭ぐじ・若狭ふぐなど若狭の食文化。

- **Entô**
（島根県・海士町）
隠岐牛・岩がきなど島の豊かな食材。

- **平山旅館**
（長崎県・壱岐市）
島の伝統を創作郷土料理で味わう。

## 島宿

- **島宿 御縁**
（長崎県・小値賀島）
人があたたかい小値賀島で家庭的な宿。

- **ペンション最南端**
（沖縄県・波照間島）
ニシ浜が目の前に広がる癒しの楽園宿。

- **ホテルにしえ**
（沖縄県・伊平屋島）
多幸感あふれるリトリート宿。

## 海の幸

- **千年の美湯 そうだ山温泉 和**
（高知県・須崎市）
天然地魚盛り合わせは圧巻のボリューム。

- **若狭神子の宿 寺本**
（福井県・若狭町神子）
好漁場・神子地区の朝獲れ新鮮魚介。

- **大船渡温泉**
（岩手県・大船渡市）
漁師が目利きした三陸の海の幸。

## 部屋からの絶景宿

- **ホテル・ホライズン 小笠原**
（東京都・父島）
扇浦海岸のボニンブルーで目覚める宿。

- **ホテル浜比嘉島リゾート**
（沖縄県・浜比嘉島）
神々の住む島で海の絶景に感動の宿。

- **下関温泉 風の海**
（山口県・下関市）
関門海峡からの潮風で安らぐ絶景宿。

## 肉料理

- **里創人 熊野倶楽部**
（三重県・熊野市）
熊野の郷土料理と共に味わう絶品松坂牛。

- **飛騨亭 花扇**
（岐阜県・高山市）
飛騨牛を多様な調理法で味わう特別会席。

- **焼肉金城 石垣島大川店**
（沖縄県・石垣島）
自社牧場から直入の石垣牛・めす牛。

## 夕日絶景

**ウェザーステーション展望台**
（東京都・父島）
生きていることに感謝を抱く絶景。

**夕焼けロード**
（長崎県・斑島）
一日に感謝し元気をもらえる美景。

**日本最後の夕日が見える丘**
（沖縄県・与那国島）
心静かに平和への祈りを捧げる景色。

## 巨石絶景

**丹倉神社**
（三重県・熊野市）
原始信仰に立ち返る圧倒的な美しさ。

**神在神社**
（福岡県・糸島市）
神石の持つ神秘的な空気を感じる。

**王位石**
（長崎県・野崎島）
辿り着くまでの道のりも含め感謝が生まれる。

## 郷土菓子

**かすまき**（対馬）
3年間で一番忘れられない一口目の感動。

**バター餅**（秋田）
味の魅力にハマる忘れられない美味しさ。

**ピーナッツ菓子**（伊江島）
お土産で一番喜ばれた味と食感。

## 遺跡

**礼文島 ⇒ 船泊遺跡**
北海道の縄文後期研究に欠かせない遺跡。

**伊計島 ⇒ 仲原遺跡**
沖縄県最大の竪穴式住居跡。

**北硫黄島 ⇒ 石野遺跡**
ストーンサークルなどが残る多くの謎を持つ遺跡。

## 朝日絶景

**スコトン岬**
（北海道・礼文島）
最北限の地でしか見れない感動の色。

**七里御浜**
（三重県・熊野市）
蘇りの地で拝む神秘的な景色。

**別府湾**
（大分県・別府市）
暖かく慈愛に満ちたグラデーションオレンジ。

第2章

# 成熟する
# 2年目の旅

## 天候との対話 ～新たな旅の指針～

霧島神宮（鹿児島県）から始まった2年目の旅。そこで最初に直面したのは、天候を操る目に見えない力でした。元来、晴れ女の私にとって青空が思うように見えず、天候にも「時の縁」があるのではないか……？ 鹿児島の地で感じた「タイミングのずれ」。それは単なる偶然ではないのかもしれません。この気づきは、旅の在り方そのものを変えていきました。行けない場所・晴れない場所には何か理由がある。その答えとも向き合いながら、「時の縁」と「天候」がより親密になれるよう、晴天を祈るようになり、後に「気象神社」の存在も知りました。その過程で、写真撮影における天気の重要性も痛感することになります。同じ景色でも、天候によって印象が大きく変わるからです。読者の皆さんにより美しい姿を伝えたいという思いが、旅の質を高めていきました。そんな中で、霧島温泉の素晴らしさを再発見する機会に恵まれました。これまであまり深い興味がなかった温泉でしたが、その湯の質に触れ、地球の底から湯が沸き立つような力強さを感じました。天候に左右されない旅の醍醐味と共に、温泉文化の奥深さを知ることになったのです。

　2年目のスタートで得た経験は、旅における天候の重要性を再認識させてくれました。それは単に晴れ曇りの問題ではなく、その土地が持つ本質的な魅力を引き出すための重要な要素。天候との対話を通じて、より深い旅の在り方を学ぶことができたのです。

## 深まる青の世界 ～宮古ブルーとの邂逅～

仁淀ブルーとの出会いから始まった「青」の探求は、2年目にさらに深まりを見せました。宮古島で出会った青の世界は、想像を超える美しさでした。透明度の高い海水が作り出すグラデーションは、見る者の心を洗い流すような清らかさを持っています。宮古ブルーを目にした時、日本の海の美しさの1ページを垣間見たようでした。

しかし、その美しさゆえの課題も見えてきました。宮古島から4キロ離れた大神島では、観光客を迎えるにあたり環境への影響が懸念されていました。ＳＮＳで拡散される情報が必ずしも正確ではなく、土地の本質が歪められていく現実も目の当たりにしました。この経験は、その後の訪問地選びの重要な指針となりました。自分が実際に感じたことを最も大切にし、その思いを丁寧に伝えていく。そんな覚悟が生まれた瞬間でもありました。

ブルーとの出会いは、「水」というテーマへの気づきにもつながっていきます。海や川、湖沼――それぞれの場所で出会う水の表情は、土地の個性そのものを表現しているように感じられました。コバルトブルー、エメラルドグリーン、サファイアブルー。その土地ならではの色彩との出会いは、旅をさらに豊かなものにしていきました。この青の探求は、旅の新しい扉を開いてくれました。それは自然の神秘と向き合う心を育み、その土地が持つ本質的な美しさを見つめ直す機会となったのです。

## 穴場という宝物 ～新しい価値の発見～

2年目の旅では、観光名所に隠れて、まだ広く知られていない場所の魅力を発信することにも力を入れました。天草地方はその代表例です。絶景、歴史、食文化、温泉。どれをとっても一級品でありながら、その素晴らしさがまだまだ見落とされているのでは、と感じたのでした。穴場的な場所を紹介できる喜びは、旅に新たな意味を与えてくれました。

北海道・渡島《おしま》地方での体験も印象に残っています。現地の観光局の方から取材希望のお便りをいただき、縄文文化について聞いた話は、私の日本の歴史観を大きく広げるものでした。当時の人々が想像以上に広範囲で交流していたという事実は、現代の私たちに多くの示唆を与えてくれます。また、「渡島地方」という名前を全国誌で紹介したことで、より多くの人に知ってほしい場所を伝えていきたい、そんな使命感も芽生えました。

コロナ禍による行動制限が緩和された２０２３年5月以降、人々の移動が活発になる中で、「読者の皆さんが喜ぶ場所はどこだろう」という視点も大切にしました。宗像《むなかた》、奥入瀬《おいらせ》、飛騨高山――。確かな魅力を持つ場所を、自分の目で確かめながら紹介していく。そんな旅のスタイルが確立されていったように思います。

穴場探しの旅は、日本の新しい魅力を再発見する機会となりました。それは観光地としての価値だけでなく、その土地に息づく人々の営みや文化の深さを知る、かけがえのない体験となったのです。

## 黒潮に導かれて ～旅の深化と気づき～

2年目の旅の締めくくりは、沖縄・与那国島での黒潮との出会いでした。太古の昔から日本列島に影響を与え続けてきたこの海流に触れた時、なんとも言えない大きな満足感に包まれました。それは単なる海流ではなく、私たちの文化や歴史を形作ってきた大きな力なのだと実感したのです。

振り返れば、この2年間の旅も、まるで黒潮に身を任せるかのように展開してきました。1年目で培った感覚は、2年目でより確かなものとなり、さらにその先を見据える力を与えてくれました。神宿る島・沖ノ島をこの目で見られたのも、天草で新たな魅力を発見できたのも、旅人としての感度が高まっていたからでしょう。その経験は、日本の自然と歴史・文化の深い結びつきを教えてくれました。

旅を重ねるごとに、「訪ねる」という行為の意味も深まっていきました。それは単に足を運ぶことではなく、その土地に身を任せ、巡り合わせを大切にすること。黒潮が運んでくれた出会いは、これからの旅路をより豊かなものにしてくれるはずです。2年目の旅を終えた時、なんとも言えない深い充実感を得ることができました。黒潮の流れのように、旅もまた、大きな循環の一部なのかもしれません。

#13

# 薩摩

Satsuma

①曽於市財部町の山間部にある溝ノ口洞穴。大規模な天然の洞穴は南九州独特の自然環境が生み出したもの。②高千穂河原にある古宮址天孫降臨神籬（ひもろぎ）斎場。③霧島神宮・山神社、御祭神は大山祇神。④和気清麻呂公生誕地に鎮座する和気神社。⑤霧島市にある温泉水が流れ落ちる丸尾滝。⑥日本最大の鶴の渡来地である出水市にある加紫久利神社。⑦龍宮城を思わせる社殿が印象的な龍宮神社。⑧交通・航海の安全や、漁業守護の神として人々の信仰を集める枚聞神社。⑨長崎鼻から臨む開聞岳。

5

6

9

7

8

**訪問先リスト**

霧島神宮／鹿児島神宮（霧島市）、霧島東神社（高原町）、枚聞神社／龍宮神社（指宿市）、加紫久利神社（出水市）

# 【薩摩】湯に宿るパワーと龍宮城への扉

2022年12月

#鹿児島県　#九州　#国立公園

鹿児島県中央部の霧島から南薩摩へと続く地は、火山活動がもたらす大地のエネルギーと古い伝説が色濃く残る場所です。私は天孫降臨の神話が残る「霧島神宮」から、この地を巡る旅に出ました。

霧島連山の麓に鎮座する霧島神宮は、天孫降臨の主役であるニニギノミコトを祀る由緒ある神社です。深い森に囲まれた境内には、神々しい空気が満ちており、原始的な自然に畏敬の念を感じさせます。神宮から望む霧島連山は、神々の住処にふさわしい威厳を湛えていました。

霧島を後にして南下すると、薩摩半島の南部に位置する薩摩国一宮「枚聞《ひらきき》神社」が姿を現します。優雅な佇まいの朱塗りの社殿は、周囲の木々の緑に鮮やかに映えて美しく、南薩摩地方一帯の総氏神として、いつも大勢の参拝客で賑わいを見せています。御神体は薩摩富士の名で親しまれる開聞《かいもん》岳。『薩摩一宮枚聞神社由緒記』によると、開聞岳は昔、鴨着島《かもつくしま》と称する龍宮界であったとさ

ともこ's Recommend

**長崎鼻**

薩摩半島の最南端。開聞岳、そして天気の良い日は屋久島を望むことができる。

**道の駅 すえよし・四季祭市場**

曽於市は県内有数の黒毛和牛の生産地。精肉コーナーとランチバイキングが大人気。

れています。神社の宝物殿では松梅蒔絵櫛笥（別名「玉手箱」）を拝観することができ、おとぎ話『浦島太郎』とのつながりにロマンを感じます。

さらに南へ車を走らせ、薩摩半島の最南端・長崎鼻へ。ここは龍宮伝説発祥の地として知られ、豊玉姫（乙姫）を祀る「龍宮神社」が鎮座。遥か彼方には開聞岳の優美な姿を望むことができ、赤いハイビスカスが咲き誇る南国ムード漂う爽やかな景勝地でした。

一方、鹿児島県の北西部に位置する出水市には、薩摩国二宮「加紫久利《かしくり》神社」があります。御神体の加紫久利山の麓では、縄文時代や古墳時代の遺跡や遺構、当時の人々が生活していた竪穴住居跡なども発見されており、この地が太古より人々の暮らしと信仰の場であったことを物語っています。

霧島一帯には、地球の恵みである温泉が豊富に湧き出ています。特に印象的だったのは、星空を望む露天風呂。源泉かけ流しの湯に浸かり、満天の星を見上げながらの入浴は、天地との一体感を感じさせてくれました。

日本人の心のルーツとも言える自然崇拝の心が、今も息づいている薩摩。良質な温泉に浸かり、神聖なる神社を巡り、語り継がれる物語に触れ、この地の美味しい食事をいただくことは、私たち自身の根源を探る、再生と浄化のエネルギーに満ちた聖なる旅と言えるのです。

1

2

#14

# 三河・尾張

Mikawa, Owari

3

5

4

①御祭神・豊玉彦命を祀る八大龍神社。②島の中央に八百富神社が鎮座する竹島。③岡崎城築城の際、昇龍伝説が残る龍城神社の拝殿の天井。④伊勢の神々が遠投を競い落ちた石という民話が残るつぶてヶ浦。⑤知多四国第一番札所・曹源寺。⑥〝ゼロ磁場〟百間滝。⑦全長62メートル、7段に落下する阿寺の七滝。⑧尾張國一之宮、真清田神社の神水舎。⑨「織物の神様」服織神社。

6

7

8

9

**訪問先リスト**
鳳来山東照宮(新城市)、八百富神社/宇賀神社/大黒神社/千歳神社/八大龍神社(蒲郡市)、熱田神宮(名古屋市)、真清田神社/服織神社(一宮市)、龍城神社(岡崎市)



# 【三河・尾張】地球のエネルギーが交差する中央構造線

2023年1月

近年「ゼロ磁場の滝」として注目を集める百間滝《ひゃっけんだき》。この地は、西南日本を九州東部から関東へ横断する大断層・中央構造線上に位置し、「豊川稲荷」、「伊勢神宮」、高野山、剣山といった重要な霊場と一直線に結ばれている、地球のエネルギーが交差する場所です。滝つぼには地層の境界である一本の線がはっきりと走り、透明な水が美しく流れ落ちています。多くの人々がここで運気の変化を体験したと言い、地球のダイナミズムを体感できる貴重なスポットとなっています。また、同じく新城市にある「鳳来山東照宮」は三大東照宮の1社とされ、天竜奥三河国定公園に位置します。他にも、陰陽師・安倍晴明が若き日に修行したという伝説が残る阿寺《あてら》の七滝があり、国の名勝および天然記念物にも指定され、パワースポットとして人気です。

　愛知県・県央部を流れる境川が尾張国と三河国のほぼ境界付近と言われていますが、日本列島を巡る旅では、旧国名の持つパワーを度々感じます。神社で

ともこ's Recommend

**熱田神宮・こころの小径**

境内で最も神聖な神域と言われ、「一之御前神社」「清水社」「龍神社」などがある。

**知多四国巡り**

知多半島にある八十八か所の霊場巡り。巡礼ツアーもあり全行程はおよそ194キロ。

いう「一宮」は、昔、各地域を一つの「国」という呼称で呼んでいて、その中で最も社格の高い神社のことでした。「全国一宮巡り」は専用の御朱印帳もあり、人気です。愛知県は神社仏閣数が全国でダントツの日本一！　今回は尾張国一宮「真清田《ますみだ》神社」を参拝しました。

また、三河湾に浮かぶ小さな竹島は、島全体が国の天然記念物に指定された神秘的な場所。日本七弁天に数えられ、開運、安産、縁結びの神様として有名な「八百富《やおとみ》神社」をはじめとする5つの神社が鎮座し、特に「八大龍神社」が印象的でした。島の最南端にある竜神岬と呼ばれる先端部分は、神々が降り立つような神聖な雰囲気に包まれています。

三方を海に囲まれた知多半島には、「知多四国」と呼ばれる八十八か所巡りのルートが整備され、マグロの養殖や新鮮な魚介類、温泉など、豊かな観光資源に恵まれています。南知多町にある「つぶてヶ浦」の鳥居は、伊勢神宮で20年ごとに行われる式年遷宮の際の古材を使用しており、こちらも多くの方が訪れる人気の場所です。

全国津々浦々にあるパワースポットですが、季節や時間帯、訪れたときの状態によって、異なる印象を受けることがあります。大切なのは、自分のルーツにかかわる場所や、心が自然と惹かれる土地を見つけることなのかも……。地域性が大きく異なる三河・尾張を歩きながら、そんなことを感じました。

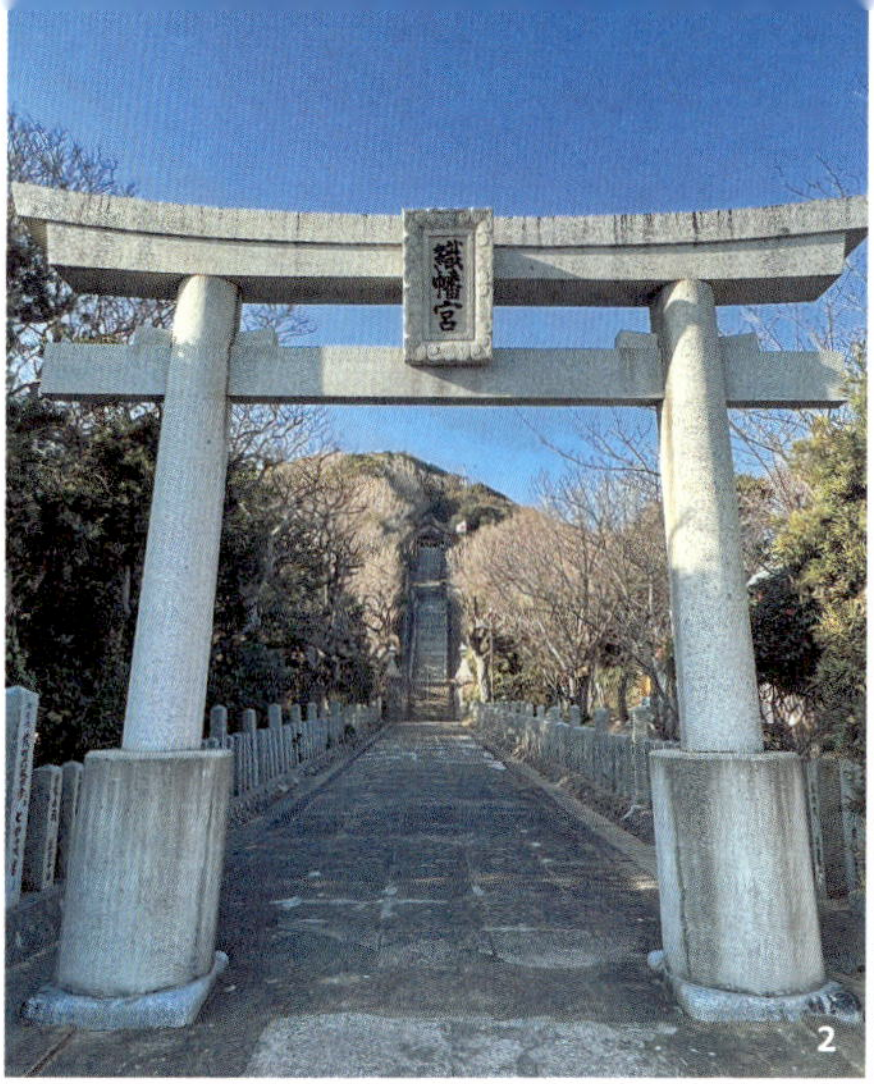

2

1

3

#15

# 宗像・福岡・糸島

Munakata, Fukuoka, Itoshima

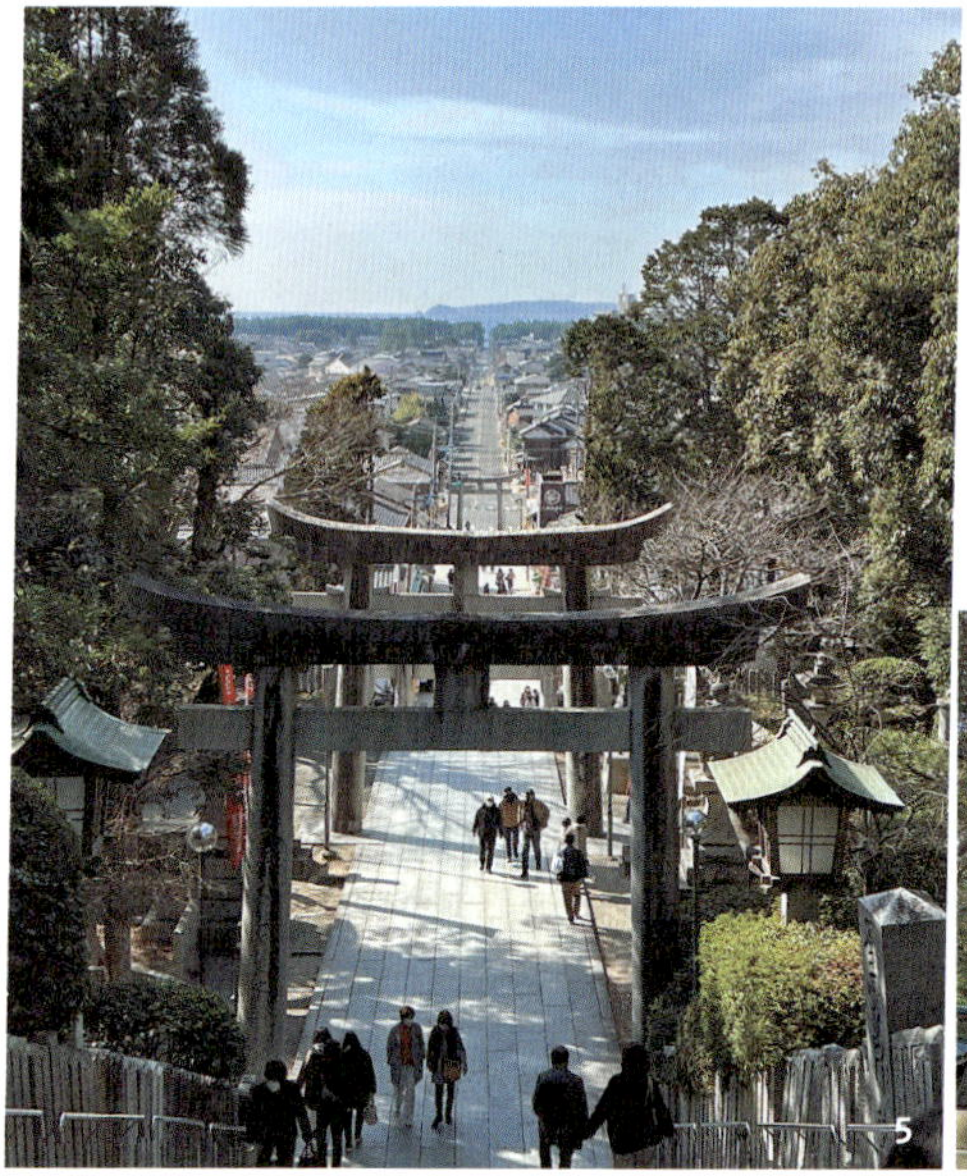
5

4

7

①織幡神社の裏山にある沖ノ島遙拝所。②宗像大社の境外摂社である織幡神社。③宗像大社辺津宮の起源となる古代祭祀の場・高宮祭場。④綿津見三神を祀る志賀海神社。⑤夕日が参道に一直線に沈む光の道が有名な宮地嶽神社。⑥大注連縄によってつながれた夫婦岩のある、「日本の渚百選」の桜井二見ヶ浦。⑦神在神社の神石。外周約16メートル、高さ約4メートルの迫力のある大きさ。⑧世界遺産・沖ノ島。御祭神は田心姫神。⑨干潮時には地続きになる大島の小夜島。⑩渡島できない沖ノ島を遙拝するため、大島の北側に設けられた沖津宮遙拝所。

6

10

8

9

# 【宗像・福岡・糸島】神宿り、神守る……神聖なる玄界灘

2023年2月

**訪問先リスト**

宗像大社・辺津宮／宗像大社・中津宮／宗像大社・沖津宮遙拝所／織幡神社／鎮國寺（宗像市）、宮地嶽神社（福津市）、志賀海神社（福岡市）、櫻井神社／櫻井大神宮／神在神社／六所神社（糸島市）

玄界灘を望む福岡の地には、古より祓い浄めを司る神々が鎮座する聖地が点在しています。その中でも特に印象的なのは、『古事記』『日本書紀』にも記される宗像三女神を祀る「宗像大社」です。本土から約60キロの沖合に浮かぶ神宿る島・沖ノ島に鎮座する「海の正倉院」の異名を持つ「沖津宮」は、その神聖さゆえ、一般人の立ち入りが厳しく制限されています。

「中津宮」が鎮座する神守る島・大島（筑前大島）にある「沖津宮遙拝所」への道のりで、不思議な現象に出会いました。福岡市内は雨が降り続いていたにもかかわらず、フェリーで大島に近づくにつれて空が晴れ渡っていくのです。まるでモーゼの海割りさながらに、海が道を開いているかのような光景でした。沖ノ島は年間でわずか70日程度しか姿を見せないと言われ、特に訪れた2月は見えづらい時期と言われます。この日は幸運にも、48キロ先の海上にその神々しい姿をはっきりと望むことができました。それは単に「見えた」というより、「見

#福岡県 #九州 #世界遺産 #離島

ともこ's Recommend

**宗像大社 辺津宮 神宝館**

国宝がずらっと並び、「神宿る島・沖ノ島」を感じることができる貴重な場所。

**JA糸島産直市場 伊都菜彩**

「糸島産」にこだわった、九州最大級の直売施設。ワクワクすること間違いなし。

せていただいた」という感じで、畏敬の念を抱かずにはいられない瞬間でした。

この島の特異性は、その歴史的価値にも表れています。宗像大社の神宝館には、ペルシャのガラスをはじめとする、はるか異国からの遺物が数多く展示されています。これらは、3世紀から4世紀という古い時代に、すでにこの地が東アジアにおける重要な交易の場であったことを物語っています。２０１７年の世界遺産登録は、こうした歴史的価値が国際的に認められた証でもあります。

現在も、沖ノ島では１６００年以上にわたる厳格な禁忌が守られ続けています。宗像大社の神職が10日交代で島に常駐し、毎朝の神事を欠かすことなく執り行います。真冬でさえ全裸で海で禊を行い、すべての衣服を取り替えるという厳格な作法は、この島の神聖さをよく表しています。

宗像五社（宗像大社沖津宮・中津宮・辺津宮の三宮、織幡神社、鎮国寺）を巡る旅は、悠久の時の流れと、文化の交差点としての深い意味を感じさせてくれます。また、志賀島に鎮座する龍の都「志賀海神社」は、海神の総本社と称えられ、不浄、厄災を祓い清める場所として有名です。眠れる龍神様の力でしょうか……神聖な氣と共に心が落ち着きました。

この地を訪れて強く感じたのは、見える景色の向こうにある、目に見えない歴史の重み。それは日本の精神文化の源流として、今なお連綿と私たちの心に生き続けているようです。

#16

# 宮古島・大神島

Miyakojima Island, Ohgamishima Island

①島の大部分は聖地になっている大神島。②大神島に上陸したらまず挨拶をするべき石・龍宮神。③大神島海岸沿いにある、ノッチと呼ばれる奇岩。

④離島池間島の人気スポット・ハート岩。⑤白い砂浜と珊瑚礁隆起でできた洞穴が美しい砂山ビーチ。⑥下地島の幻のビーチ「17END」。⑦青い空に赤瓦の屋根の石造りの社殿が映える宮古神社。⑧伊良部島にある神秘的な鍾乳洞、ヌドクビアブ。⑨全長約2キロにわたる絶景・東平安名崎。⑩大小2つの池が地下部分でつながった通り池。

訪問先リスト

宮古神社／漲水御嶽（宮古島）

# 【宮古島・大神島】サンゴ礁が生んだ憧れの宮古ブルー

2023年3月

沖縄本島から南西に約300キロの海上に浮かぶ宮古島は、8つの島々からなる宮古列島の中心です。年間を通じて温暖な気候に恵まれ、サンゴ礁が広がる透明な海は、まるで神々の調合した色彩のように美しく輝いています。

最初に訪れたのは、神社本庁包括下の神社としては日本最南端の「宮古神社」。熊野三神と豊見親三神を祀るこの神社には、琉球の歴史と神々の物語が深く刻まれています。2010年に現在地に遷座して以来、金運上昇や商売繁盛の御利益がある神社として知られています。

〝宮古ブルー〟を存分に味わうには、3つの大橋巡りが欠かせません。特に伊良部大橋は、無料で渡れる橋としては日本最長。潮風に吹かれながらドライブすると、空と海が溶け合う青の世界に包まれ、まるで天上の橋を渡っているかのような感覚に陥ります。海の透明度の高さは、サンゴ礁が持つ自然のろ過作用によるもので、まさに自然が生み出した奇跡の色彩です。

#沖縄県　#離島

### ともこ's Recommend

**大神島のおじいの観光ガイド**

大神島の特徴的な伝統・ルールを説明しながら、「神様のいる島」を案内してくれる。

**島唄ライブ**

宮古民謡、琉球民謡から、沖縄ポップスまで。食事と共に三線の音色に癒されるひとときき。

そして、船でしか辿り着けない大神島は、古来「神の島」として崇められてきました。「神様に呼ばれた人しか行けない」とも言われるこの島へ向かう15分の船旅で、ウミガメの歓迎を受けるという幸運に恵まれました。島に近づくにつれて姿を現す奇岩群は、神々の門番のように威厳を放っています。大神島では、「ウヤガン」という、儀式を担う女性が夜通し御嶽にこもり、祈りを捧げる神聖な祭事が続いてきたそうです（高齢化と後継者不在を理由に、2023年、ついに伝統は途絶えました）。島で唯一の観光ガイドさんの案内で島の歴史を学ぶうち、信仰している神と島のありのままの姿が一番大切なのであり、人間はおじゃまして住まわせていただいているだけにすぎないのだと、改めて感じました。

夜には地元の居酒屋で島唄ライブを体験し、カチャーシーという沖縄の踊りを教わりました。「襖を開けるように」手首を回すその所作には、人々の心を開き、一つにする不思議な力が宿っています。音楽があり、歌があり、踊りがある。そこには「ゆいまーる（助け合いの心）」という琉球の心が脈々と流れていました。島で出会ったタクシーの運転手さんが語った「どんなことがあっても戦争だけはダメだ」という言葉が、今も心に残っています。平和を願い、文化を守り、自然と共生する宮古の人々。その精神性こそが、この地を真の聖地たらしめているのかもしれません。

1

3

2

4

#17

# 天草諸島

Amakusa Islands

6

5

①漁民と航海の安全を祈願して祀られた倉岳神社。穏やかなる海や島々が眼下に広がる。②磐座が御神体の龍ヶ岳龍王神。石板には龍神祝詞が刻まれている。③小さい島の頂上に航海や芸能、金運アップの御利益がある「弁財天さま」を祀る栖本弁財天。干潮時に、歩いて渡れる。④天草西海岸サンセットラインから見た夕日。⑤西平椿公園にある高さ約20メートルの巨大なアコウの木。⑥天草を守った代官達を祀る鈴木神社。

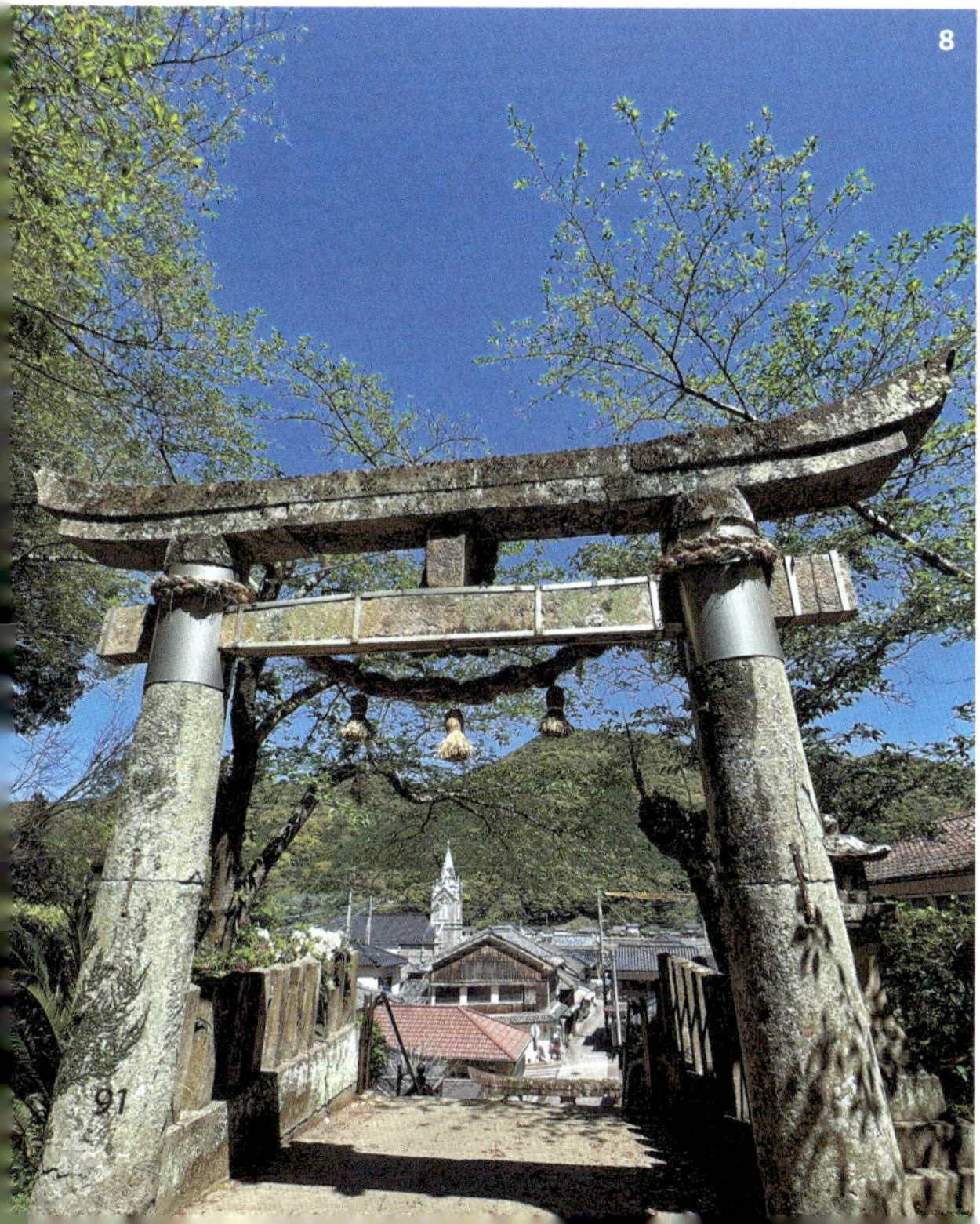
8

7

⑦小さな漁村に建つ世界遺産・﨑津教会。現在の教会は、1934年に再建されたもの。⑧﨑津諏訪神社の鳥居から﨑津教会を望む天草ならではの景色。

**訪問先リスト**

鈴木神社／﨑津諏訪神社／﨑津教会／倉岳神社（天草市）

# 【天草諸島】蒼い海に囲まれ天空を仰ぐ

2023年4月

九州中西部の海域に浮かぶ天草諸島。大小１２０余の島々からなる自然豊かな地は、上島と下島を主島とし、陸・空・海からアクセスが可能です。今回は、九州本土とつながる天草五橋を渡る美景ルートからスタートしました。

下島にある「鈴木神社」を訪れた時のこと。境内は一枚の葉も落ちていないほど丁寧に管理され、そよ風と鳥のさえずりだけが響く静寂な空間。後に知ったことですが、境内を掃除をしていた方は神主さんで、私が東京から来たと話すと、大きな松ぼっくりをお土産にくださいました。島原・天草一揆後の復興を進めた初代代官・鈴木重成公をはじめとする三柱を祀る神社には、今なお天草の守り神としての尊さが漂っていました。

天草を象徴する風景の一つが、鳥居越しに見える教会です。この光景は、島の複雑な歴史を物語っているようでした。かつて島民の8割以上がキリシタンだったという歴史は、世界文化遺産・﨑津集落や各地に残る教会群からも窺い

#熊本県 #九州 #世界遺産 #離島

## ともこ's Recommend

**富岡城跡（熊本県富岡ビジターセンター）**

３面スクリーンで天草の海中世界を体感できる「天草パノラマダイブ」を楽しめる。

**天草西海岸サンセットライン**

「日本の夕陽百選」にも選ばれている天草灘に沈む美しい夕日が見られる。船上から楽しむツアーもある。

知ることができます。

そして、天草最高峰の倉岳に立つと、３６０度の大パノラマが広がります。北を有明海、東・南東を八代海、西・南西を東シナ海と天草灘に囲まれ、まるで宝石をちりばめたような島々の風景が目の前に広がります。夕暮れ時には「天草夕陽八景」と呼ばれる絶景スポットから、独特の色彩を見せる夕日を望むことができます。

この地には、４００年にわたり日本の陶芸を支えてきた天草陶石の採掘場があります。有田焼の原料もここから運ばれているという事実は、天草の魅力の新たな発見でした。また、温泉や豊かな海の幸、野生のイルカとの出会いなど、自然の恵みも豊富です。

しかし、天草の最大の魅力は、そこに暮らす人々の温かさかもしれません。家族経営の宿での温かなもてなし、チェックアウトの時に持たせてくれたお弁当に込められたやさしさ、ビジターセンターで熱心に歴史を語ってくれた方々、どこか懐かしさを感じさせる島の人々との出会いは、旅を一層思い出深いものにしてくれました。

歴史と文化が重なり合い、豊かな自然が息づく天草諸島。ここには、誰の心の拠り所にもなる〝何か〟を見つけることができる聖地がありました。

#18

# 北海道 渡島地方

Hokkaido
Oshima region

①北海道最古の神社、船魂神社。源義経を津軽海峡の海難から助け、この地へ導いたという伝説が残る。②湯の川温泉の鎮守として親しまれている湯倉神社。③難関突破の御利益がある大沼駒ヶ岳神社にある大岩。④渡島富士と呼ばれる大沼のシンボル・北海道駒ヶ岳。

7

⑤函館市縄文文化交流センターに展示されている国宝・中空土偶。「北の縄文ビーナス」として人気。⑥足形付土製品。⑦道南の秘境・青の洞窟。太陽の光が差し込み、水面が青く輝く神秘的な空間。⑧矢越岬には、海上からしか見ることができない鳥居が。江戸時代にこの地方を治めていた松前藩が建立。

8

5

6

# 【北海道渡島地方】道南秘境と癒しの縄文ワールド

2023年5月

北海道の南西に位置する渡島地方。その地を訪れたのは、縄文文化についての深い学びを求めてのことでした。しかし、実際の旅は想像をはるかに超える感動の連続となりました。函館空港に降り立ち、最初の目的地となった大沼国定公園で、私は北海道の圧倒的な自然美に目を奪われました。北海道駒ヶ岳の雄大な姿を背景に、大沼と小沼が織りなす景色は、日本新三景の名にふさわしい壮観さ。その広大な自然の中に佇むと、心が洗われるような静謐に包まれます。また、「大沼駒ヶ岳神社」は無人の社ですが、木漏れ日を浴びながら野鳥の声を聴き深呼吸することのできる、癒しの場所でした。

この旅で最も心を揺さぶられたのは、函館市縄文文化交流センターでの体験です。国宝「中空土偶」は常設展示されており、建物は縄文ワールドの神秘が漂っていました。特に衝撃的だったのは、９０００年以上前にはすでに、亡くなった子どもの足形を粘土に残す風習があったことです。その足形を住居内に吊る

**訪問先リスト**

湯倉神社／函館八幡宮／船魂神社（函館市）、大沼駒ヶ岳神社（七飯町）、矢越八幡宮（福島町）、雷公神社（知内町）

#北海道　#世界遺産

ともこ's Recommend

**函館市縄文文化交流センター**

国宝「中空土偶」を常設展示し、道の駅機能を併せ持つ博物館で、古の世界に浸れる。

**矢越クルーズ**

道南の秘境と呼ばれる「青の洞窟」に向かう船上で、松前神楽の龍笛演奏を聴ける。

し、後に親の埋葬時に一緒に納めるという習慣には、命の循環と再生を願う人々の祈りが込められていました。さらに驚くべきことに、この時代にはすでに染め物の技術も確立されていたのです。争いのない平和な暮らしの中で、このような高度な文化と精神性が育まれていた事実は、私の縄文時代に対する認識を大きく変えるものでした。

旅の終盤に訪れた矢越漁港からの道南の秘境を巡るクルーズは、また違った感動を与えてくれました。地元で生まれ育った船長は、海のプロフェッショナル。その確かな技術に導かれ、秘境「青の洞窟」へと向かいます。洞窟内で目にした神秘的な青の光景は、言葉を失うほどの美しさ。船上では松前伝統の龍笛が奏でられ、その清らかな音色が静寂の海に響き渡ります。この地には、重要無形民俗文化財に指定された松前神楽など、脈々と受け継がれる伝統文化も息づいています。かつて北前船の寄港地を擁し、北海道の玄関口として栄えた松前には、長い歴史が刻まれているのです。

想像を遥かに超える縄文文化の奥深さと、圧倒的な自然の美しさ。その両者が見事に調和する道南の地は、特別な聖地と呼ぶにふさわしい場所。この地に残る豊かな文化と伝統を守り継いでいくことの大切さを、改めて深く心に刻む旅となりました。

3

4

1

2

5

#19

# 洞爺湖・白老・神威岬

Lake Toya, Shiraoi, and Cape Kamui

①かつては女人禁制だった積丹半島・神威岬。②岬の突端から見られる神威岩。③昇る朝日を鳥居越しに見られることから、朝日の神社と呼ばれる虎杖浜神社。④アヨロ海岸から見る月光。⑤中島のウンクル・セトナの桂の木。縁結びの御神木。⑥余市町のえびす岩と大黒岩。⑦蛇田神社。冬には鳥居の柱に白蛇のように雪が絡みつく光景が見られることも。⑧縁結びや恋愛成就の御利益がある倶知安神社。⑨周囲約43キロ、最深約179メートルの円形の洞爺湖とその真ん中にある中島。日本百景に登録。

6

8

7

9

# 【洞爺湖・白老・神威岬】
# アイヌの言霊に恋して旅して

2023年7月上旬

#北海道　#国立公園　#ユネスコ世界ジオパーク

北海道の大地が秘める神秘的なパワーを求めて、初夏の洞爺湖を訪れました。約11万年前の大噴火によって形成されたこのカルデラ湖には、龍神の力が宿ると言われています。湖を取り囲む山々が水を抱く「山環水抱《さんかいすいほう》」の地形は、風水においても強力なパワースポットとされ、その神秘的な力は今なお多くの人々を魅了し続けています。

洞爺湖の中心に浮かぶ中島へ向かう遊覧船に乗り込むと、わずか15分ほどで、そこには別世界が広がっていました。中島は4つの島の総称で、最も大きな大島に降り立つと、豊かな森に抱かれます。島内を歩くと、火山と水と大地が一つになる力強いエネルギーを全身で感じることができ、頭のてっぺんからつま先までスッキリと解き放たれていくような不思議な感覚に包まれました。

この地域の象徴的な存在である羊蹄山《ようていざん》は、地元では「蝦夷富士」の愛称で親しまれています。この山は北海道のエネルギーの噴出口「祖山《そざん》」として知られ、

**訪問先リスト**

洞爺湖中島／虻田神社（洞爺湖町）、倶知安神社／蝦夷富士羊蹄山神社（倶知安町）、ニセコ狩太神社（ニセコ町）、えびす岩と大黒岩（余市町）、小樽住吉神社（小樽市）

### ともこ's Recommend

**洞爺湖中島トレッキング**
ウッドチップが敷かれた散策路から神秘的な大平原へ。季節ごとの景色が楽しめる。

**Mt. USU Terrace**
洞爺湖や昭和新山を望む絶景を、山頂展望台のソファから堪能できる。

利尻富士・羊蹄山・北海道駒ヶ岳を結ぶ「蝦夷富士三山レイライン」と呼ばれる霊的なラインの重要な結節点となっています。このラインは洞爺湖を通り、洞爺湖総鎮守「虻田《あぶた》神社」へと続いています。神社では、2012年冬に鳥居に積もった雪が白蛇の形になるという神秘的な現象も伝えられました。

洞爺湖周辺には、「昭和新山」や「有珠《うす》山」といった活火山も点在し、これらの山々は、地球の鼓動を直に感じられる貴重な場所。特に有珠山の山頂付近にある火口原展望台からは、噴煙が立ち上る火口を間近に観察することができ、大地のエネルギーを肌で感じる圧倒的な体験ができます。

白老の地では、アイヌ文化と北海道の歴史の深いつながりを感じることができます。白老・虎杖浜《こじょうはま》温泉は温泉好きによく知られた湯の里。太平洋を望む露天風呂では、月光に照らされた波の音を聞きながら、心身共に癒されるひとときを過ごすことができるでしょう。

旅の締めくくりに訪れた神威岬は、アイヌ語で「神格を持つ高位の量的存在（神）の岬」を意味する場所です。先端までの景色は龍のよう！　龍の背に乗った気分で遊歩道を進んで行くと神威岩が見えてきます。透明度の高い「積丹《しゃこたん》ブルー」と呼ばれる海の色は、まるで神々の住処のような神秘的な雰囲気を醸し出しています。火と水と大地が一つになる壮大な景観が、心に深い癒しと新たな力を与えてくれました。

2

1

3

#20

# 佐渡島

Sado Island

①大野亀。標高167メートル、亀の形の一枚岩。②佐渡弥彦米山国定公園の景勝地の一つ、尖閣湾。荒々しい絶壁と岩礁。③潮の満ち引きで景色が変わる二ツ亀。④世界遺産・佐渡島の金山の構成資産の一つ。⑤赤亀と名付けられ岩上に祠が建てられている。⑥江戸時代から残る460枚の田んぼが、地形に沿って天空に昇る龍のようにつながる、岩首昇竜棚田。⑦芸術性に富んだ牛尾神社の彫刻。⑧北前船の航海安全・商売繁盛の神を祀る津神神社。⑨交通の守護神、一ノ宮・度津神社。

# 【佐渡島】金銀が輝きトキが舞う絶景離島

2023年7月下旬

#新潟県　#世界遺産　#離島

２０１３年、自然環境や地質が評価され日本ジオパークに認定された美景の宝庫・佐渡島。古来「佐渡国」として独自の文化を育んだ、日本海に浮かぶ日本最大の離島です。

まずは、東海岸に位置する「津神《つがみ》神社」を訪ねました。境内のある津神島には海の守護神・住吉三神《すみよしさんじん》が鎮座し、狛犬の台座には火山活動の名残を感じさせる岩石が使用されています。北前船の錨があるなど、参道を歩きながら潮風の心地よさを感じました。

次に足を運んだ、拝殿に見事な龍の彫刻を持つ「牛尾《うしお》神社」では、緑深い境内に古い能舞台が佇んでいます。佐渡島には30余りの能舞台が現存し、能が人々の暮らしに溶け込んでいます。これは流刑地として多くの文化人が島に暮らした歴史が、豊かな芸能文化として花開いた証でもあります。

離島の良さは海の青さを間近で感じられることですが、〝佐渡ブルー〟と呼

**訪問先リスト**

度津神社／津神神社／風島弁天／八大龍王神社／牛尾神社／高任神社(佐渡市)

### ともこ's Recommend

**酒蔵めぐり**

金・銀山の発展と共に繁栄した佐渡の酒造り。全５蔵、個性豊かな銘柄が魅力。

**たらい舟**

体験できる場所は３か所（時期により定休日あり）。江戸時代へタイムスリップ。

ばれる海の青さは、単なる色彩の美しさだけでなく、豊かな海洋生物の営みを反映しています。伝統的な「たらい舟」では、海中透視を体験することができ、青の神秘と相まって吸い込まれそうな美しさでした。女性船頭さんの巧みな操船技術も、長年の島の暮らしが育んだ文化の一つです。

　この島の豊かさは、自然と文化だけではありません。佐渡コシヒカリの美味しさは格別で、日本海の新鮮な魚介類、佐渡牛、そして数々の名酒を生む酒蔵まで、食の豊かさも特筆すべきもの。これらは良質な水と豊かな土壌があってこそ。島内で自給自足が成り立つほど、自然の恵みに満ちた島なのです。

　今回、旅の途中で車がパンクするというハプニングに見舞われましたが、地元の方々の温かい親切に触れる機会となりました。見知らぬ私に快く手を差し伸べ、修理を手伝ってくださった方々のやさしさは、この島の本当の豊かさを物語っているように感じました。

　佐渡島は、地球の営みが生んだ荘厳な自然と、そこに暮らす人々の営みが見事に調和した聖地です。この島に足を踏み入れた人は誰もが、目に見える景観の美しさだけでなく、大地のエネルギーと人々の暮らしが紡ぎ出す、確かな生命力を感じることでしょう。

#21

# 伯耆大山

Mount Houki Daisen

5

4

① 大神山神社奥宮の御神門。表裏が逆についているため、違い門と称される。② 大神山神社の参道にある和合の岩。杉の大木と岩がなじむ様子から、仲良くすることを意味する"和合"の名を冠する。③ 日本一長いとされる石畳の参道。④ 神崎神社拝殿向拝の天井に彫られた見事な龍。⑤ 気力回復として知られた名水・地蔵滝の泉。⑥ 金持神社。国土経営、開運、国造りの神様を祀る。⑦ 三度笠は旅や人生を表す「波しぐれ三度笠」。⑧ 米子市淀江にある日吉神社。

6

7

8

# 【伯耆大山】龍道から受け取る浄化と再生の力

#鳥取県　#国立公園　#山岳信仰

2023年8月

出雲国風土記に「火神岳」として記される伯耆大山《ほうきだいせん》。中国地方の最高峰であり、古くから神々が宿る山として崇められてきました。隠岐諸島を取材した時、焼火神社の松浦宮司から「ここから見える」と窓越しに大山を示されたことが、この霊峰への旅の始まりでした。

「大山寺」から「大神山《おおがみやま》神社奥宮」へと続く参道は、日本一長い石畳と言われています。一歩一歩、自然石の上を歩むと、まるで悪しきものが剥ぎ落とされていくような感覚が……。石段から吹き抜ける風は「龍道」と呼ばれ、強い浄化の力を持つとされています。御祭神は大己貴命（オオナムチノミコト）。大国主命（オオクニヌシノミコト）の若き日の御神名にあたりますが、この山頂から国造りを構想したという伝承が残っています。

琴浦町にある「神﨑《かんざき》神社」では、圧倒的な存在感を放つ龍の彫刻に出会いました。日本海からの潮風を受けながら参道を登ると、本殿や拝殿に施された見

**訪問先リスト**

神﨑神社（琴浦町）、大神山神社奥宮／大山寺（大山町）、金持神社（日野町）、日吉神社（米子市）

ともこ's Recommend

**山の駅 大山参道市場**

地元の農産物、木工品、書籍。ベーカリーショップ、カフェが併設されている。

**境港市観光**

「水木しげるロード」「境港水産物直売センター」など、ユニークで美味しいスポット巡り。

事な彫刻の数々が目を引きます。特に拝殿の向拝《こうはい》天井にある龍が握る宝珠の真下は、願い事が叶うとされる特別な場所。静かに佇んで見上げていると、龍が今にも動き出しそうな錯覚すら覚えます。

その名も「金持《かもち》神社」という全国でも珍しい名前を持つ神社が日野町にあり、商売繁盛の御利益を求めて、全国各地から参拝者が訪れます。境内に奉納された龍の絵からは、この地域に根付く龍神信仰の深さを感じることができました。

大山エリアには、まだまだ魅力的な場所が数多く残されています。国立公園として整備された自然公園では、ビジターセンターで地域の生態系や歴史を学ぶことができます。また、温泉地としても知られています。

この地を訪れて強く感じたのは、単なる観光地やパワースポットとしてではなく、長い歴史の中で人々の信仰と生活が重なり合い、真の意味での「聖地」としての存在感でした。そこに暮らす人々の思いがあってこそ、この場所は特別な意味を持つのです。

大山から吹き降ろす風に身を任せていると、悠久の時を超えて、今もなお確かに息づく神々の気配を感じることができます。それは、この土地でしか味わえない、特別な体験として心に刻まれることでしょう。

4

1

2

3

#22

# 十和田湖・奥入瀬渓流

Lake Towada and Oirase Gorge

5

6

7

①約14キロの流れのなかに、滝や清流、岩など、たくさんの見どころがある奥入瀬渓流。②顔を出し水を飲む姿に見える龍の流木。③ブナの天然林が生い茂る「蔦七沼」と呼ばれる湖沼の一つ、蔦沼。秋の早朝には水面に真っ赤に染まった紅葉が鮮やかに映る。④開放的なパノラマが広がる十和田湖。四季折々に表情を変える。⑤十和田神社。杉木立の参道を抜け、石段を上ると荘厳な拝殿が建つ。⑥山伏が実際に修行を行ったという、湖畔にある開運の小道。道中に6つの鳥居が並ぶ。⑦石神神社の御神体の不思議な石。⑧青森総鎮守の杜・善知鳥神社。

8

# 【十和田湖・奥入瀬渓流】青と緑の世界が生む極上リトリート

2023年9月

京都の百貨店で目にした奥入瀬《おいらせ》渓流の絵との出会い。そこで耳にした「流れのあるものには運気を呼ぶ力がある」という友人の言葉が心に響き、いつしか私の中で十和田への思いが芽生えていきました。

青森総鎮守「善知鳥《うとう》神社」から始まった旅。境内裏手に湧く「龍神乃水」には、都会の喧騒の中にあっても清らかな空気が漂っています。宗像三女神《むなかたさんにょしん》を祀るこの神社は、かつて善知鳥村と呼ばれた青森市発祥の地。今なお人々の暮らしに寄り添う神様として、篤い信仰を集めています。

水神とも言われる龍のパワーを県内でいちばん感じられるのは、二重カルデラ湖「十和田湖」です。最大水深３２７メートルを誇る神秘の湖は、まさに龍が住まうにふさわしい場所。湖面に映る青は、言葉では表現できない深い色彩を湛えています。遊覧船から眺める湖面は、まるで青龍の世界を旅しているかのよう。

**訪問先リスト**

善知鳥神社／石神神社（青森市）、十和田神社（十和田市）、岩木山神社／高照神社（弘前市）

#青森県　#国立公園

### ともこ's Recommend

**酸ヶ湯温泉**

国民保養温泉地第一号。四季折々に彩られる八甲田山の絶景と共に満喫できる。

**三内丸山遺跡**

縄文時代前中期の大規模な集落跡。1時間程度のボランティアガイドツアーがある。

湖畔に佇む「十和田神社」は、かつて「十和田山青龍大権現」として山伏たちの修験道場でした。今も北東北三大霊場の一つとして、多くの参拝者を集めています。早朝に訪れた神社は、杉木立の中に静かに佇み、屋根には龍の装飾が施されていました。人の少ない朝の時間帯、神聖な雰囲気に包まれながらの参拝は、特別な体験となりました。

十和田湖から流れ出す奥入瀬渓流は、約14キロにわたって豊かな水景が続きます。下流から上流へと歩を進めると、まるで大地のエネルギーが正面から流れ込んでくるよう。途中で出会った一本の木は、枝ぶりが龍の形に見え、水を飲む龍の姿を彷彿させました。

その後訪れた蔦《つた》温泉は、千年の歴史を持つ名湯。「六つ沼めぐり」と呼ばれる散策路では、ブナ原生林の中を歩きながら、様々な沼の景観を楽しむことができます。水面に映る紅葉は、自然が描いた一枚の絵のよう。この地を守り続けてきた人々の思いに、言葉にならない感動を覚えました。

水の流れが生み出す力、千年の時を超えて守られてきた温泉、そして人々のやさしさ。すべてが調和して、この地ならではの神秘的な空間を作り出しています。龍神の力が宿る十和田。その清らかな水の流れは、私たちの心を清め、元氣をチャージしてくれることでしょう。

#23

# 飛騨高山・下呂

Hida-Takayama, Gero

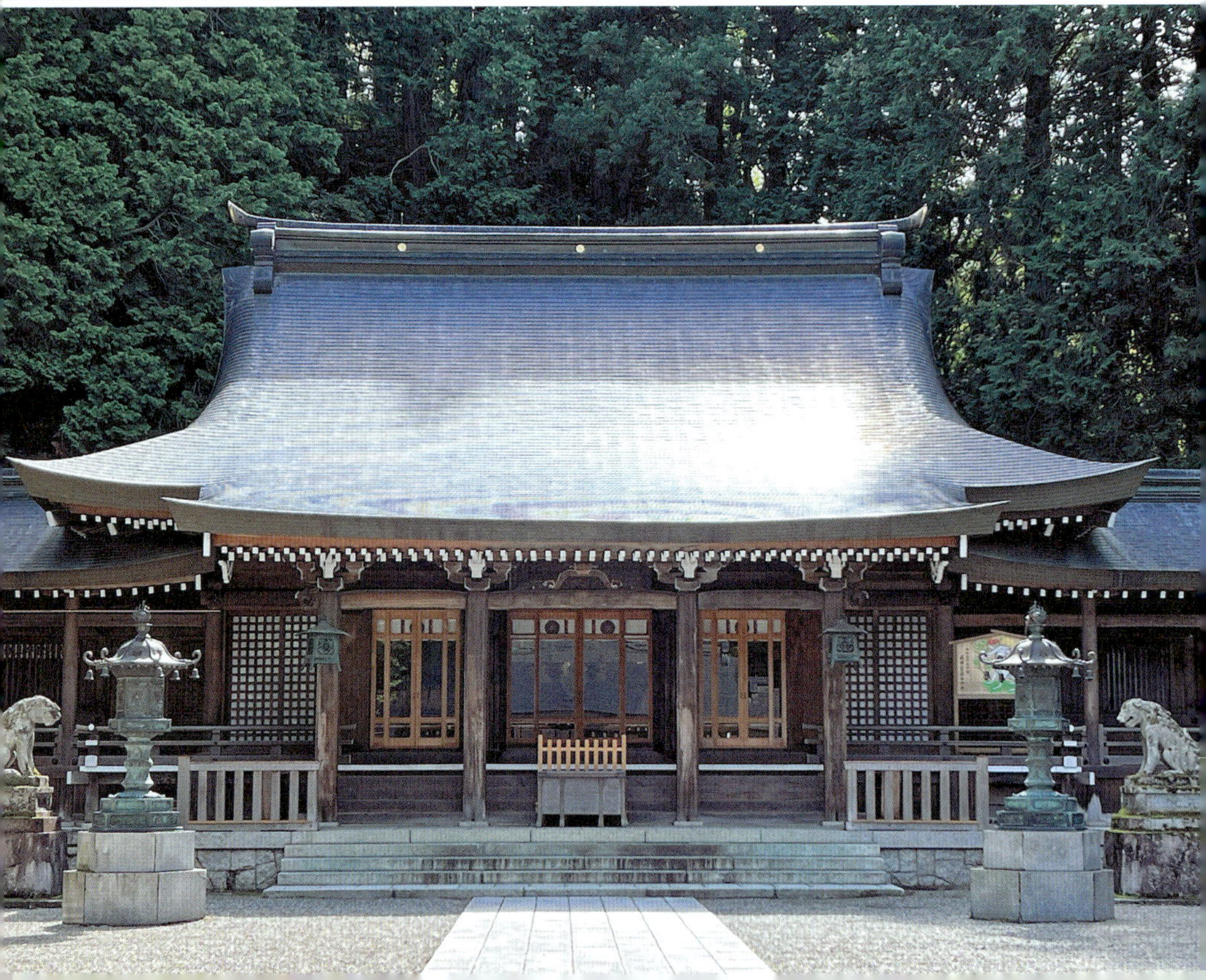

①水無神社の奥宮とされる天の岩戸。②位山登山口にある石碑と鳥居。③位山を御神体とする一宮・水無神社。社名は諸説あるが「水生」の意味である。④屈指のパワースポットである日輪神社の一の鳥居。美しいピラミッド形で有名な御神体の山を背景に。⑤山の神である大山咋神を祀る飛騨山王宮日枝神社。春の訪れを告げる例大祭は高山祭として知られる。

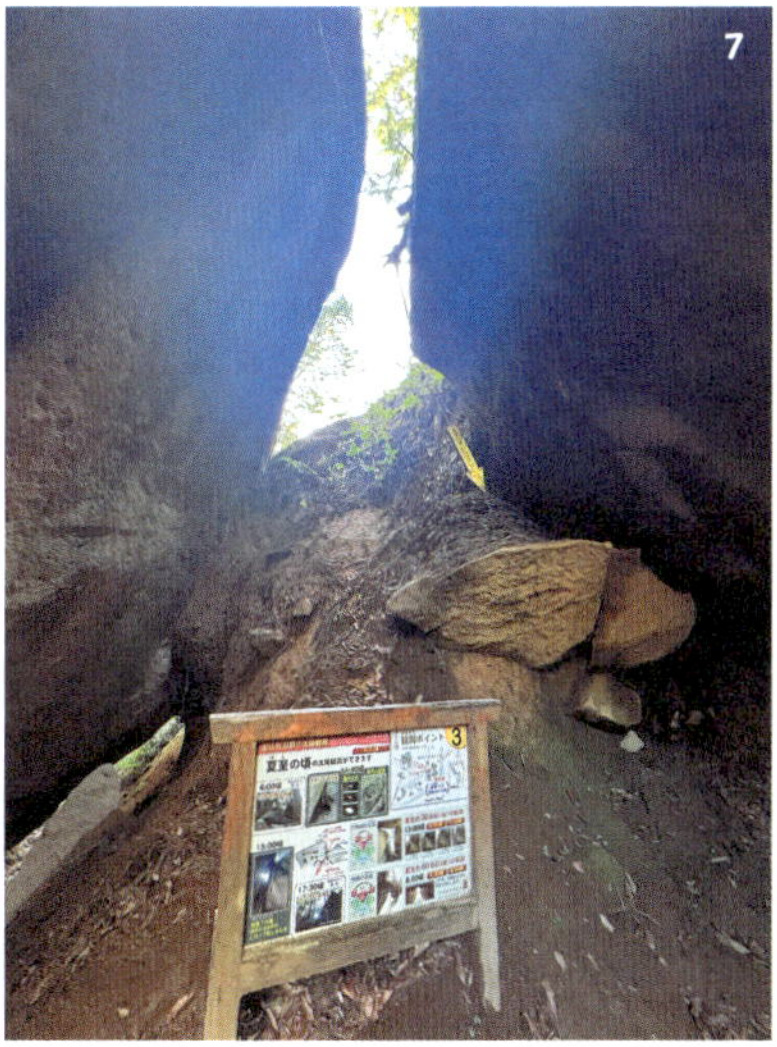

⑥⑦金山巨石群。数多くある巨石遺跡の中で、考古天文学的調査が行われた最初の遺跡。縄文人の叡智と暦システムに驚かされる。

**訪問先リスト**
日輪神社／水無神社／水無神社奥宮位山／飛騨山王宮日枝神社（高山市）、気多若宮神社（飛騨市）

## 【飛騨高山・下呂】
# 神秘に満ちた謎多きパワースポット

2023年10月

日本列島のほぼ中央、岐阜県北部に位置する飛騨高山。その地に佇む「飛騨一宮水無《みなし》神社」は、水源を司る神様の聖地として古くから崇められてきました。「水が無い」と書く神社名は、実は「水主（みなし）」を意味し、水の源を象徴する神様を祀っています。歴史と芸術が感じられる端正な佇まいの境内は、凛とした空気が漂っています。御祭神の御歳大神《みとしのおおかみ》（水無大神）は、生命や農作物の実りをもたらす「作神様」として、また縁結びや心願成就の御利益でも知られています。参拝すると不思議な御縁があったのでしょうか、私は珍しい大大吉のおみくじを引くことができました。

　水無神社の奥宮がある位山《くらいやま》は、異なる水系の境界線となる分水嶺上に位置し、古来より霊山として崇められてきました。この山には「位山巨石群」と呼ばれるパワースポットがあり、神話に登場するような巨大な岩々が並んでいます。山頂に向かって遊歩道を登っていくと、頂上付近には「天の岩戸」と呼ば

#岐阜県　#山岳信仰

ともこ's Recommend

**宮川朝市**

江戸時代より始まったとされる日本三大朝市の一つ。美味しい朝ご飯も食べられる。

**位山・天の泉**

天の岩戸を越え、山頂を少し下った場所。水無神社奥宮のある位山から湧き出る御神水。

れる磐座があります。その神秘的な姿に、一瞬言葉を失うほどでした。晴れた日の山頂からは、御嶽山《おんたけさん》、乗鞍岳《のりくらたけ》、北アルプス、そして白山《はくさん》まで望むことができ、まさに絶景と言うにふさわしい眺めが広がります。

　下呂市にある「金山巨石群」も、位山に負けない神秘的な場所。平成になるまで森の中に隠れていたというこの巨石群は、約５０００年前から暦として使用されていたと言われています。一体どこから、どのようにしてこれほどの巨石が運ばれてきたのか……。太陽の光を浴びながら目を閉じると、はるか縄文時代の人々の営みが伝わってくるようでした。

　飛騨高山の特徴として、92・5％という驚異的な森林率が挙げられます。イチイの木は宮内庁に献上される木材としても知られ、箸などの木工品も有名です。豊かな森が育む清らかな水は、木曽川や天竜川となって流れ、日本の食文化や産業を支えています。

　この地域は、城下町の情緒を残す街並みと共に、国際的な観光地としても知られています。朝市では地元の方々と外国人観光客が交流し、飛騨牛や郷土料理を楽しむ姿が見られます。温泉や食事、歴史的な街並み、そして神社仏閣という観光の要素が見事に調和しているのです。しかし、その賑わいの中にあっても、水無神社や位山には清らかな聖地としての威厳が保たれています。水の源を司る神様への信仰は、今なお人々の暮らしに寄り添い続けているのです。

①②西崎にて黒潮の流れを改めて知る。③機内から見た与那国島・西崎灯台。④町の天然記念物、日本在来馬8馬種のひとつである与那国馬。⑤魚釣島から持ち帰ったとされる石垣島・尖閣神社の祠。

#24

# 波照間島・与那国島

Haterumajima Island, Yonagunijima Island

⑥白い砂地に澄んだブルーの海が美しい波照間島のニシ浜。ニシとは「北」のこと。⑦日本最南端の岬に広がる断崖絶壁・高那崎。⑧人面岩への道で現れたオオゴマダラ。⑨⑩人面に見えるとされる巨石。祭祀場とされた痕がある。

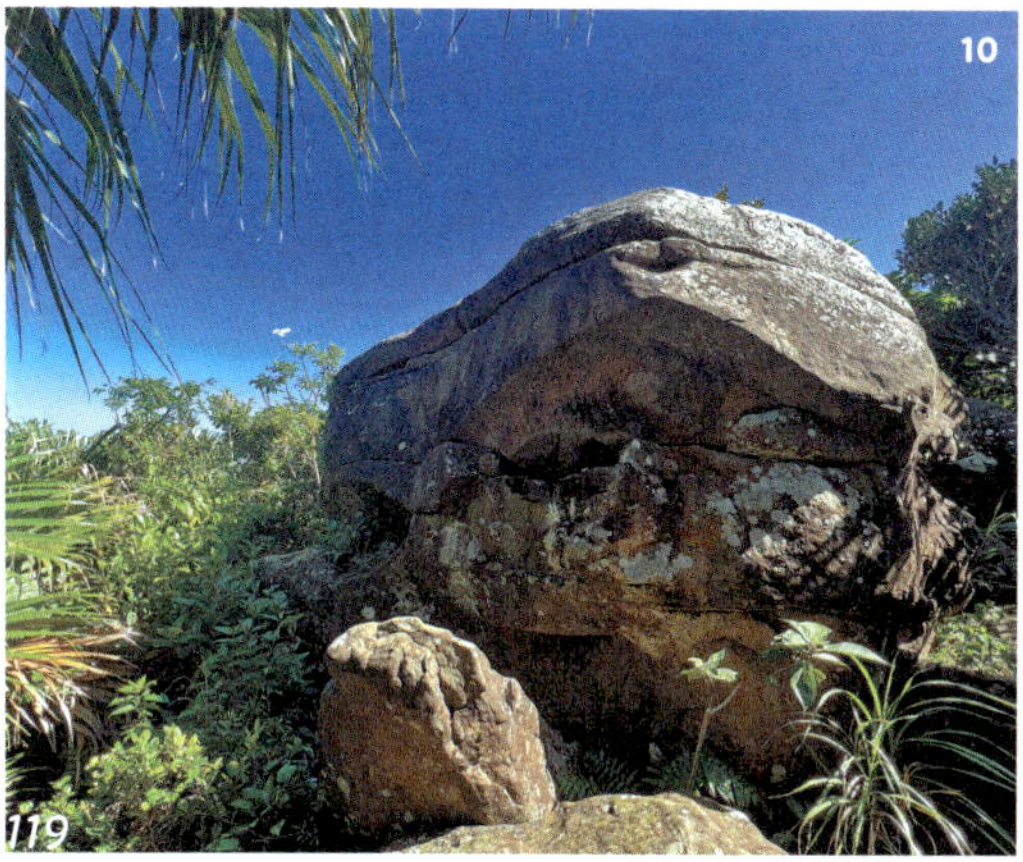

**訪問先リスト**

川平観音堂／尖閣神社（石垣島）

#24

波照間島・与那国島

# 【波照間島・与那国島】太古の浪漫と向き合う島物語

2023年11月

#沖縄県 #離島

沖縄本島から南西に400〜500キロメートル。そこに浮かぶ八重山諸島は、世界有数の透明度を誇る「八重山ブルー」に囲まれた楽園です。今回、この島々の中でも最も南に位置する波照間《はてるま》島と、最西端の与那国《よなぐに》島を訪ねました。

石垣島から波照間島へ向かう船上で、すでに日常とは異なる空気を感じます。島の名は「果てのうるま（サンゴ）」を意味すると言われ、その名の通り、美しいサンゴ礁に囲まれた周囲14・8キロメートルの小さな島。最南端の碑がある高那崎《たかなざき》では、荒々しい波が岩壁に打ち付ける様子が圧巻でした。遮るものが何もない水平線の向こうには、はるかフィリピンへと続く大海原が広がり、頭上から照りつける太陽は、海面を神秘的な輝きで照らします。ニシ浜では透明度の高い海に出会いました。朝の浜辺を歩けば、巨大なヤドカリ（！）との出会いも。島の中心には集落があり、周囲をサトウキビ畑が取り囲んでいます。ここでは個別の収穫ではなく、共同作業があると聞きました。

ともこ's Recommend

◇ **泡波酒店（波照間島）**

幻の酒と呼ばれる琉球泡盛「泡波」。Tシャツなどのグッズも販売している。

◇ **比川《ひがわ》地域共同売店（与那国島）**

ドラマ『Dr.コトー診療所』ロケ地の近くにあり、島の書籍やお土産なども売られている。

そして、石垣島へ戻り空路で向かった与那国島。上空から見た島は、龍雲をまとって浮かぶかのような姿でした。西崎《いりざき》では、右からと左からの波がぶつかり合う黒潮の壮大な光景に遭遇しました。ここは黒潮が進路を変えるポイントだったのです。また、晴れた日には１１１キロ先の台湾を望むことができ、日本で最後に沈む夕日を見られる場所としても知られています。

「人面岩」と呼ばれる巨石への道すがら、2匹の蝶に出会いました。それは神様の化身のように私を導き、その先では空気が一変し、まるで結界を超えたかのような神聖な空間が広がっていました。感覚が研ぎ澄まされ、魂が高みに昇るような体験は、言葉では言い表せないものでした。

この旅で私は、日本の「端」に立つことの意味を強く感じました。ここは単なる国境の島ではありません。古来、黒潮の道を通じて、広く海洋文化と交流してきた歴史があります。海底遺跡（巨大な石の神殿のような構造をしている海底地形）の存在も、この島の深い歴史を物語っています。

波照間島と与那国島。この2つの島で過ごした時間は、確かな記憶として私の中に刻まれました。森羅万象への感謝と祈りが自然と湧き上がる、最果ての聖地。また必ずここを訪れたいと思う場所が、確かにありました。さらに導かれたのは、経由地として2泊した石垣島で辿り着いた「尖閣神社」です。奥宮との出会いが、その後の旅のテーマの一つになるとは、この時は思いもしませんでした。

# 日本の聖地巡り——3年間の旅のデータ集

3年間の旅で訪れた数々の「日本の聖地」を、すべて振り返り、データ集としてまとめました。離島や神社、国立公園など、日本には存在するだけで美しくも貴い場所が、これほど沢山あるのかと改めて思います。乗船した船や登った展望台なども、ぜひ旅のプランの参考にしてみてください。

## 離島

- 礼文島
- 金華山
- 伊豆大島
- 小笠原諸島
  - ― 父島
  - 硫黄三島
- 佐渡島
- 淡路島
- 沼島
- 隠岐諸島
- 角島
- 宗像大島
- 対馬
- 壱岐島
- 小値賀島
- 野崎島
- 福江島
- 天草諸島
- 姫島
- 伊平屋島
- 伊計島
- 宮城島
- 平安座島
- 浜比嘉島
- 久高島
- 宮古列島
- 大神島
- 石垣島
- 波照間島
- 与那国島

## 国立公園

- 支笏洞爺国立公園
- 釧路湿原国立公園
- 阿寒摩周国立公園
- 利尻礼文サロベツ国立公園
- 十和田八幡平国立公園
- 三陸復興国立公園
- 小笠原国立公園（世界自然遺産）
- 富士箱根伊豆国立公園（世界文化遺産）
- 妙高戸隠連山国立公園
- 吉野熊野国立公園（世界文化遺産）
- 山陰海岸国立公園
- 瀬戸内海国立公園
- 大山隠岐国立公園
- 足摺宇和海国立公園
- 西海国立公園
- 雲仙天草国立公園
- 阿蘇くじゅう国立公園
- 霧島錦江湾国立公園

## 湖

- 洞爺湖
- 屈斜路湖
- 摩周湖
- 阿寒湖
- オンネトー湖
- 十和田湖
- 田沢湖
- 諏訪湖
- 加茂湖
- 宍道湖
- 池田湖

## 神の島

- 隠岐諸島
- 壱岐島
- 宗像大島
- 大神島
- 御神島
- 浜比嘉島
- 久高島

## 絶景（展望台など）

- 桃岩展望台（礼文島）
- 美幌峠展望台（弟子屈町）
- 摩周湖第1&第3展望台（弟子屈町）
- 寒風山展望台（男鹿市）
- 魹ヶ崎（宮古市）
- 三原神社（伊豆大島）
- 千尋岩（父島）
- 位山（高山市）
- 久須夜ヶ岳展望台（小浜市）
- 赤ハゲ山展望台（隠岐諸島・知夫里島）
- 角島大橋（下関市）
- 剣山（三好市）
- 竜宮神社（土佐清水市）
- 室戸岬（室戸市）
- 横浪黒潮ライン（高知県土佐市～須崎市）
- 鬼岳（福江島）
- 姫島灯台（姫島）
- 倉岳神社（天草市）
- 東平安名崎（宮古島）
- 伊良部大橋（宮古島）
- 西崎・東崎（与那国島）
- 高那崎（波照間島）
- ニシ浜（波照間島）
- 果報バンタ（宮城島）

## 乗船した船

- ハートランドフェリー…→礼文島
- 東海汽船…→伊豆大島
- 小笠原海運…→父島、硫黄三島
- 佐渡汽船…→佐渡島
- 沼島汽船…→沼島
- 隠岐汽船…→隠岐諸島
- 島前内航船…→隠岐島前
- 大島渡船…→宗像大島
- 九州郵船…→対馬、壱岐島
- 九州商船…→五島列島
- 小値賀町営船…→野崎島
- 姫島村営フェリー…→姫島
- 北部港運…→伊平屋島
- 久高海運…→久高島
- 大神海運…→大神島
- 安栄観光…→波照間島

## 観光船

- 青の洞窟（北海道・矢越海岸）
- 洞爺湖中島巡り（北海道・洞爺湖）
- ヤイタイ島（北海道・阿寒湖）
- 金華山（石巻市）
- 南島（父島）
- 竜王洞／青の洞窟（佐渡島）
- 尖閣湾揚島遊園（佐渡島）
- 恵那峡（恵那市）
- 蘇洞門（小浜市）
- ローソク島（隠岐の島町）
- 国賀めぐり（隠岐島前・西ノ島）
- 巌流島（関門海峡）
- 川平湾（石垣島）

## 資料館（ビジターセンターなど）

- 礼文町郷土資料館
- 稚内市樺太記念館
- 阿寒湖畔ビジターセンター
- 根室市北方領土資料館
- 函館市縄文文化交流センター
- 十和田ビジターセンター
- 白神山地ビジターセンター
- 宮古市市民交流センター防災プラザ
- 浄土ヶ浜ビジターセンター
- 小笠原ビジターセンター
- 史跡佐渡金山
- 静岡県富士山世界遺産センター
- 世界遺産熊野本宮館
- 龍神村　Dragon Museum
- 北淡震災記念公園野島断層保存館
- 大山ナショナルパークセンター
- ジョン万次郎資料館
- 足摺海底館
- 海の道むなかた館
- 宗像大社辺津宮神宝館
- 大島交流館
- 壱岐市立一支国博物館
- 野崎島ビジターセンター
- 鐙瀬（あぶんぜ）ビジターセンター
- 阿蘇火山博物館
- 熊本県富岡ビジターセンター
- 知覧特攻平和会館
- 首里城公園
- 沖縄県平和祈念資料館
- 伊平屋村北緯27度線モニュメント
- 世界塩の探検館ソルトクルーズ
- 石垣市尖閣諸島デジタル資料館
- D・iD・i与那国交流館

## 第3章

# 完結へ向かう
# 3年目の旅

## 龍神様への御挨拶 ～大地の力を感じて～

辰年を迎えた3年目の旅は、日本列島そのものが龍の形をしているという視点から始まりました。これから1年の訪問地をどう選ぶか……その答えは、龍神様への御挨拶という形で示されました。一つひとつの土地で手を合わせながら、日本列島を流れるエネルギーの存在を肌で感じていったのです。この時期、気づきの感度は一段と高まっていました。まるで階段を駆け上がるように、次々と目的地が見えてくる。その感覚は、これまでにない鮮明さを持っていました

「弥勒の世」を表すとされる「36（3＋6＝9）」という数字もまた、象徴的でした。2年で終わる予定の連載が3年目も続くことが決定し、トータルで「36」か所を巡ることになったからです。36か所の中で残された12回の訪問先（聖地）をどう選ぶべきか、私自身の感覚に従いながら巡る場所を決めました。すべての場所を訪れるのは難しい中でも、龍神様への挨拶を通じて、日本列島を流れるエネルギーに触れることができたのは、旅の大きな収穫でした。

## 伏線の回収 ～巡り合わせの不思議～

3年目の旅では、1年目、2年目で訪れた地に関連する「伏線」を回収するような感覚が

ありました。例えば、北海道の摩周湖で晴天を迎え、その絶景に感謝を捧げたことは、「時の縁」への祈願が届いたような思いでした。これらの体験は、自分が歩んできた道が間違いではないと確信させてくれるものでした。

また、礼文《れぶん》島では、北の大地が持つ神秘的なエネルギーを感じました。特にスコトン岬で迎えた朝日は、私がそこに立つべき理由を教えてくれたようです。この地で得た気づきが後にどのような形で現れるのかはわかりませんが、訪れた意味があることは確信しています。そこに行くべき明確な理由がある。その意味は、これから少しずつ明らかになっていくのかもしれません。すぐにはわからなくても、訪れた後に気づきがやってくる。そんな旅の本質を、この地で深く理解することができました。

また、三陸海岸では、日本の復興と再生というテーマに触れる旅となりました。三陸復興国立公園としての三陸海岸は、自然だけでなく、人々の思いと祈りが込められた場所でした。大震災を乗り越えた人々の力強さと、地域を支え続ける祈りの存在を知り、そのエネルギーに触れたことで、旅の意義を改めて実感しました。

さらに、復興だけでなく未来への希望も感じることができました。海岸線を歩きながら、そこに住む人々がどのように生活を再建し、未来を切り拓いているかを知る中で、自然災害を乗り越える人間の偉大さを目の当たりにし、これらの経験が、私自身の人生観をも変えるきっかけとなったのです。旅を通じて、日本の土地と人々が紡ぐ物語の一部に触れられたことは、大きな喜びでした。

## 祈りが紡ぐ聖地 ～人々の思いに触れて～

伊平屋《いへや》島では、私にとっての「天岩戸」とも言うべき場所に出会いました。また、クバ（沖縄の方言。和名はビロウ）の群生地は、日本の歴史と深く結びついた聖なる場所。そこには太古の人たちの息吹や魂のようなものが、今も確かに息づいていました。この土地との対話は、私の心に深く刻まれ、次なる旅への導きとなっていきました。

沖縄へ再び足を運んだのは、龍を巡る旅の答え合わせのような思いからでした。伊計《いけい》島では「黒潮の湯」という名の温泉に浸かり、久高《くだか》島ではガイドさんの案内で神の島の真髄に触れました。そこで感じた祈りの強さは、これまでの体験をはるかに超えるものでした。

聖地巡礼を重ねることで見えてきたのは、祈りが持つ力の大きさです。オオゴマダラという蝶が舞う場所、神々の宿る場所――。日本という国土には、そうした祈りの場所が無数に存在していました。

一人ひとりの思いが寄り集まって聖地は作られていく。掃除をし、大切に守り、言葉を紡ぎ、その場所に住まう人々の営みそのものが、聖地を形作っている。コロナ禍が落ち着き、新しい時代へと変わりゆく転換期の今、みんなの思いがあれば必ず調和へと向かうことができる。全国の聖地は、そんな希望も見せてくれました。

## 宇宙からの視座 ～新たな旅立ち～

3年間の旅は、日本列島という一頭の馬（前述の通り、私がこの旅で訪れた場所を線でつないでいったら、馬が立ち現れてきました）の背に乗り、東を目指す形で完結しました。この旅の中で、私は日本列島を巡るだけでなく、自分自身と向き合い、多くの気づきを得ることができました。その過程で、宇宙飛行士の方々が口を揃えて言う「宇宙から眺める地球には国境がない」という言葉を再認識できたことも、大きな意味を持っています。高い視座から地球を見ることで、国境や制限を超えた広い視野を持つ重要性を学びました。その教えは、次の旅や活動へのインスピレーションとなり、これからの私の道標となることでしょう。

日本の聖地を巡る旅を通して、日本列島が秘める深遠なエネルギーと祈りの力に触れることができ、私の使命が鮮明に浮かび上がったように感じています。訪れた聖地での体験を、記憶に留めるだけでなく、一つひとつを丁寧に記録として残すことで、聖地の持つ意味を多くの人々と分かち合うことができれば幸いです。

人々の思いが織りなす光によって聖地は息づき、世界はその祈りの映し絵として形を成していく――この深い気づきは、私の新たな旅立ちの原動力となっています。この旅路で培った学びのすべてが、来たるべき未来への礎となることを確信しながら、その先に待つ新たな発見への期待を胸に、次なる一歩を踏み出します。

#25

# 龍神村・南紀白浜

Ryujin Village, Nanki-Shirahama

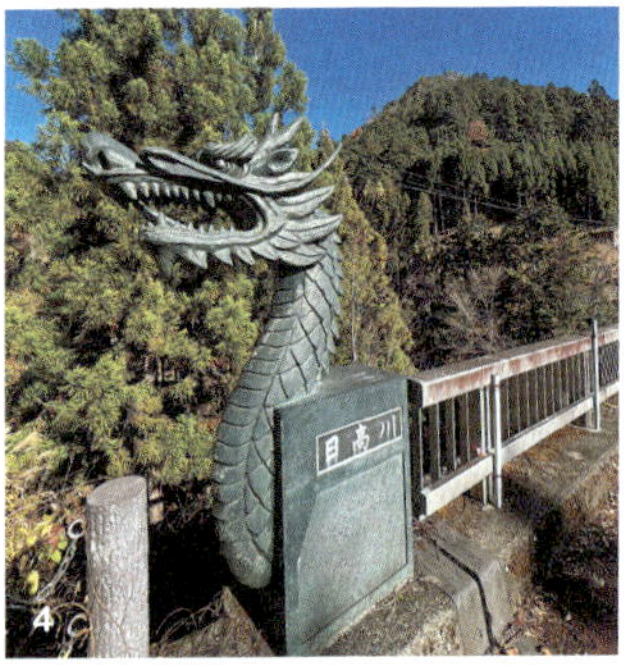

8

7

5

6

①15世紀後半に龍神家により創建された皆瀬神社。八幡大明神を祭神とする。②龍神の鎮守・皆瀬神社の御神木が荘厳な龍に。世界的チェンソーアーティスト・城所ケイジ氏の作品。③三ツ又星神、別名星神社。地元では星神さんと呼ばれ親しまれる。④日高川に架かる「龍の里橋」の親柱。⑤南紀白浜にある景勝地・三段壁。⑥干潮時はすぐ近くへ行くことができる白浜町の龍神夫婦岩。⑦龍神好きに人気な地名標識。⑧「虎ヶ峰トンネル」にある龍のレリーフ。⑨和歌山県のほぼ中央部を流れる日高川。橋には龍のモニュメントが飾られている。

9

# 【龍神村・南紀白浜】
# 龍脈が流れる和みの聖地を巡る

2023年12月

#和歌山県　#国立公園

訪問先リスト

皆瀬神社／丹生神社／星神社（田辺市龍神村）

紀伊半島の奥深く、和歌山県田辺市に佇む龍神村は、日本の聖地の中でも特別な場所。かつては独立した村でしたが、現在は田辺市龍神村として、その名前と伝統を守り続けています。高野山より流れ出る龍脈は、清流日高川に沿って大地を潤し、古くから神秘的なエネルギーを宿してきました。

　訪れる人々を最初に出迎えるのは、天空にそびえ立つ荘厳な龍神像。「皆《かい》瀬《せ》神社」の御神木を使って彫り上げられたその姿は、高さ5メートルに及ぶ昇龍の如く、魂が込められた圧倒的な存在感で、息を呑むダイナミックさです。龍と言えば水の神様としても有名で、龍神村を幾度も訪れる方々が、一番の魅力としてあげられるのが「水と温泉」。この地を代表する「龍神温泉」は、「日本三美人の湯」と呼ばれ、難《なん》陀《だ》龍《りゅう》王《おう》の夢のお告げによって、弘法大師が約1300年前に開いたと伝えられています。高野山参詣の後、高野龍神スカ

ともこ's Recommend

**龍神村 Dragon Museum**

アートを通して村の文化に触れることのできる施設。2024年に龍神神社が建立。

**道の駅 ごまさんスカイタワー**

高さ33mの塔は護摩木を積み上げた独特の形をしている。関西有数の天体観測スポット。

イラインから護摩壇山を越えて辿り着くこの温泉は、「化粧水いらず」と評される美肌の湯。まるで龍神様の懐に抱かれるような、温かな空間が広がっています。この温泉は、高野山参拝の後の、癒しの場としての役割もあるとされています。

地域には神秘的な伝説が幾重にも重なります。陰陽師・安倍晴明ゆかりの伝説や、竜頭地区の「星神社」では古代に裏山へ隕石が落ちたという伝承が残されています。苔むした境内は、異世界への入口のように感じました。

旅も終盤を迎えた白浜町の龍神夫婦岩へと続く道中、日本列島そのものが大きな龍の形をしているという言葉を思い出します。龍の国に住まう喜びを体現するかのような絶景は、龍神様の御加護を感じさせてくれました。地元の方が「ここは縁で集まり、学び、次の場所へ向かう人々の聖地」と語るように、この地には再生のエネルギーが満ちあふれています。

水の流れ、言葉の響き、人々との出会い……。すべてが自然な形でつながり、訪れる者の心に深い癒しと気づきをもたらします。「和歌山」の地名が示す「和む」という言葉通り、荒々しい龍のイメージとは裏腹に、穏やかで温かい懐に抱かれているような感覚。高野山からの霊脈が静かに流れる、日本の神秘が息づくこの地は、単なる観光地ではなく、魂の安らぎを取り戻す特別な聖地なのです。

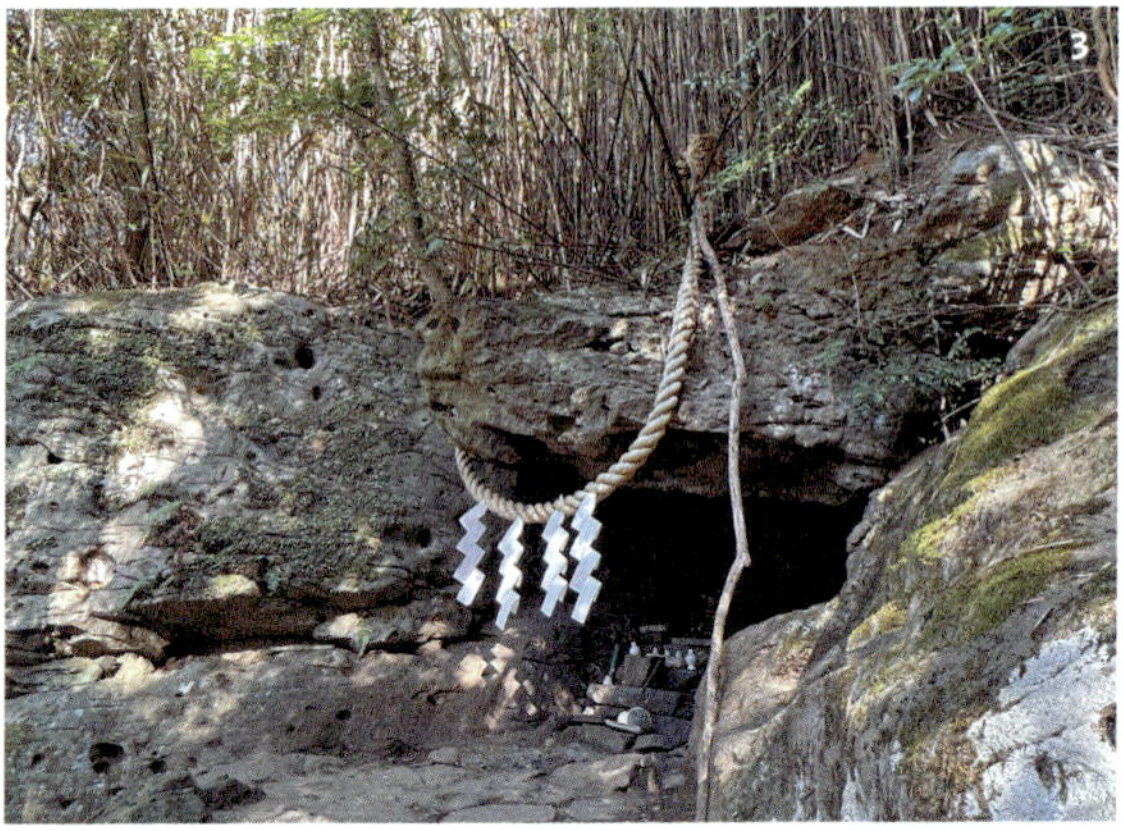


#26

# 国東半島・姫島

Kunisaki Peninsula , Himeshima

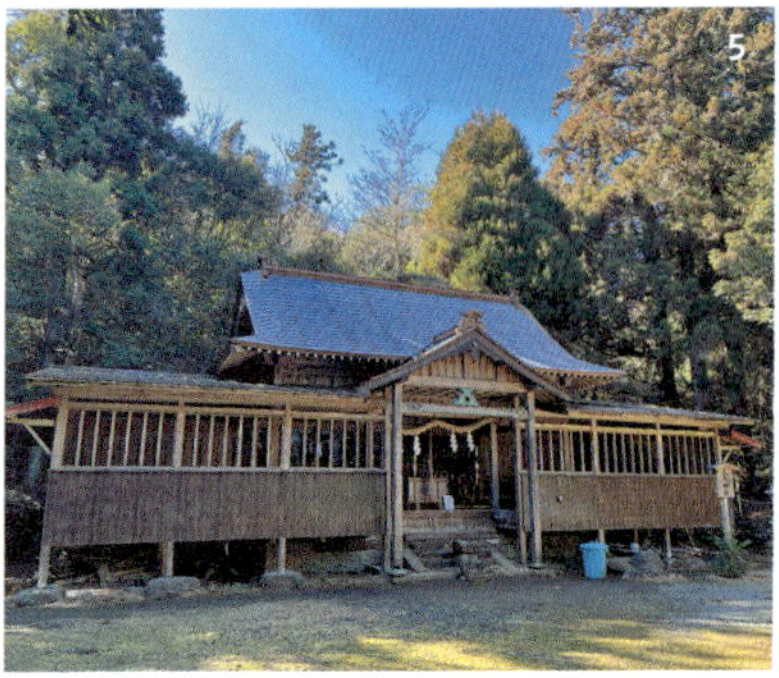

6

2

9

①人気のフォトスポット、八幡奈多宮の元宮。朝日が昇る瞬間は幻想的。②海を向く八幡奈多宮の鳥居。③標高647メートルの御許山にある龍神岩屋。④宇佐市最高峰・雲ヶ岳から見る絶景。⑤宇佐神宮奥宮・大元神社。神社拝殿の先は神域のため禁足地として守られている。⑥背後に米神山がある佐田京石。⑦高さ12メートルの美しい姫島灯台。⑧姫島にある千人堂。黒曜石の産地である。⑨白石神社・拝殿天井に浮かぶ龍の姿。

7

8

**訪問先リスト**

八幡奈多宮（杵築市）、白石神社／文殊仙寺（国東市）、宇佐神宮／大元神社（宇佐市）、千人堂／比売語曽社（ひめこそしゃ）（姫島）

#大分県　#九州　#国立公園　#離島　#山岳信仰

# 【国東半島・姫島】神と仏が息づく和合文化の誇り

2024年1月

日本の聖地巡礼の旅は、思いがけない導きによって国東《くにさき》半島へと続きました。当初、黒曜石をテーマに神津《こうづ》島への旅を予定していましたが、宿の予約が取れず、大分県の国東半島に目を向けることになったのです。「御許山《おもとさん》」という地名に惹かれ、その意味を探る旅が始まりました。

「宇佐神宮」は全国約11万の神社のうち、4万6百社あまりを占める八幡社の総本宮。７２５（神亀２）年に創建され、２０２５年には１３００年を迎えます。訪れた時は上宮の大修理が行われていましたが、森林浴を楽しみながら参拝することができました。宇佐神宮は神仏習合発祥の地とされ、この思想は、境界線を引かず、分断せず、調和させていく日本人特有の精神性を象徴しているように感じます。

さらに南へ６キロほど進むと、御許山があり、９合目に奥宮の「大元神社」が鎮座します。地元の方の案内で、30分ほどの登山道を歩きながら、驚くべき

ともこ's Recommend

**関アジ・関サバ**

大分県佐賀関から直送される天然ブランド魚を、刺し身にして大分名産カボスで食す。

**六郷満山巡り**

神秘の国東半島31霊場巡りで1300年以上の歴史を辿り、神仏習合文化の発展を学ぶ。

体験を重ねていきました。山全体が御神体といわれる御許山。修験者たちの足跡を感じさせる石のくぼみや、龍神祝詞《のりと》を唱える場所が点在します。この地元の方は、病気を乗り越えた経験から山との深い縁を感じ、定期的に参拝を続けていると語ってくれました。山そのものが神域であり、祈りの場であると感じます。

国東半島は、六郷満山と呼ばれる独特の山岳宗教文化が栄えた地。龍神海岸を目の前に望む「白石神社」では、龍にまつわる数々のモチーフに出会いました。手水舎の岩、本殿裏の松の木、随所に龍の姿があり、八大龍王を感じさせる雰囲気がそこかしこに。中でも一番驚いたのは、社殿の扉を開けた時、目に飛び込んできた天井に浮かぶ龍の姿でした。

さらに北5キロ沖合にある姫島《ひめしま》は、『古事記』の国生み神話に登場する「女島」。約30万年前の火山活動の痕跡を残し、黒曜石が自然に散在する神秘的な島です。渡り蝶のアサギマダラが舞い、スナビキソウの上を優雅に飛ぶ姿は、自然の神秘劇のようだと言います。クルマエビの養殖で有名なこの島には、観音崎千人堂があり、新鮮な花が供えられ、人々の深い信仰心を感じることができます。

この旅で最も感じたのは、和を尊ぶ土地そのものが持つ力の存在。神社は土地の力に応じて建立されたもので、その場所の風、潮の流れ、空気感全体を感じることの大切さを学びました。姫島灯台から見た景色は、九州、本州、四国が出会う場所。日本の地理的つながりを体感するという、貴重な機会をいただきました。

2

3

1

4

#27

# 下関・関門海峡

Shimonoseki, The Strait of Kanmon

5

6

①和布刈神社の目の前に広がる関門海峡。②御祭神は瀬織津姫の和布刈神社。③本州と九州が出会う関門トンネル人道。④山口県下関市と角島を結ぶ全長1780メートルの角島大橋。通行無料の橋としては国内屈指の長さ。散歩やサイクリングも可能。⑤自然石の石垣で囲まれた夢崎明神の鳥居。⑥豊功神社境内から一望できる満珠島と干珠島。初日の出の観賞スポットとして有名。⑦「日本三大住吉」に数えられる長門國一宮・住吉神社の御神木。⑧安徳天皇を祀る赤間神宮。⑨大連神社。日本の租借地であった旧関東州の大連市の神社の御神体を日本で再建。⑩中山神社境内にある愛新覚羅神社。⑪彦島八幡宮にあるペトログラフ。

7

11

10

8

9

# 【下関・関門海峡】響灘の潮風で本州と九州が出会う

2024年2月

#山口県　#福岡県　#国立公園

まだ訪れたことのない土地への好奇心が、今回の旅の出発点でした。選んだ先は、山口県。まず足を運んだのは、北長門海岸国定公園内の角島《つのしま》でした。コバルトブルーの海とその上を渡る角島大橋は、圧倒されるほどの美しさで、まるで絵はがきから抜け出したかのような景色です。角島灯台は明治8年、日本海側で初めて建設された洋式灯台で、「朝陽に輝き、青空に煌めき、夕陽に映える」と謳われるその姿は、この地の象徴と言えるものでした。

夕日が沈む本州最西端の毘沙ノ鼻《びしゃのはな》からは、遠く沖ノ島を望むことができ、悠久の時の流れを肌で感じる瞬間がありました。さらに、源平合戦で平家の最後の陣地と伝わる彦島《ひこしま》へと向かいます。ここでは地元で総鎮守とされる「彦島八幡宮」があり、その境内には「神霊岩」と呼ばれる特別な岩が安置されています。この岩には古代シュメール文字とされる「ペトログラフ」が刻まれており、

**訪問先リスト**

夢崎明神／福徳稲荷神社／中山神社／住吉神社／彦島八幡宮／赤間神宮／大連神社／豊功神社／忌宮神社（下関市）、和布刈神社（北九州市）

ともこ's Recommend

**関門ウォーキング**
関門海峡をつなぐ全長780mの歩行者用海底トンネル。徒歩で渡ると面白ポイント発見かも?!

**和布刈神社 御守(北九州市門司区)**
白色・2種類のみ。満珠御守(増やしたい、叶えたい)、干珠御守(減らしたい、断ち切りたい)。

地元では「こっそりと願い事をすれば叶う」と伝えられているとか。参拝者がひっきりなしに訪れる様子からも、その御神徳の高さがうかがえます。

次に訪れたのは、長門國一宮である「住吉神社」。この神社の御神木である楠木は、比類なき存在感を放っていました。その太い幹には大地のエネルギーが満ち溢れ、古代から続く神秘の力を感じずにはいられません。太鼓橋や鳥居の見事な造形、広大な境内の静寂さは、この地に流れる歴史と信仰の深さを物語っています。また、関門海峡では巌流島連絡船に乗り、風光明媚な景色を海上から楽しみました。訪ねたのは2月でしたが、真冬とは思えないほど海面がキラキラと輝き、本州と九州が出会うパワーを感じます。さらに、赤間神宮から高台に登っていくと「大連神社」があります。そこには関門海峡を見下ろす穏やかな空間が広がっていました。やさしい氣が満ち、鳥のさえずりが美しく響いています。歴史の中で多くの出会いを見守ってきた聖地がここにありました。

響灘の潮風を感じる地点に立ったとき、私は人々の移動と歴史の重みを改めて実感することになります。この地域では、北九州から下関まで通勤する人々が多く、その距離感は私の常識を覆し、この地が持つ知られざる魅力に触れることができました。旅はいつも、私に新たな視点を与えてくれます。それは、今までの自分の物差しがいかに狭かったかを教えてくれる、貴重な経験でもあるのです。

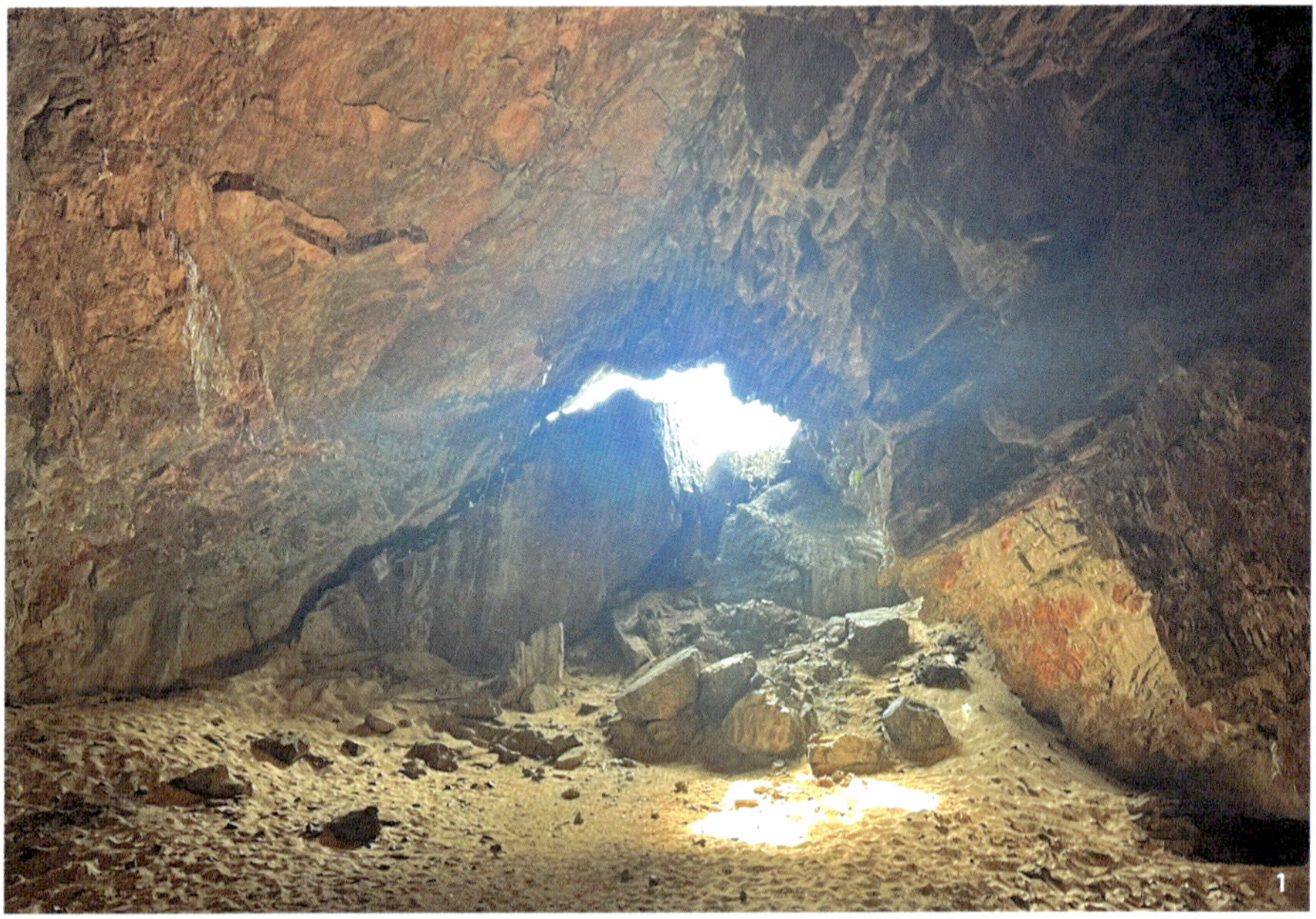

#28

# 伊平屋島

Iheyajima Island

①クマヤ洞窟。洞内は高さ約10メートル、奥行き約40メートル、広さ約600平方メートル。クマヤは「籠もる」意。②クマヤ洞窟の外観。③クバ山。頂上には灯台があり、沖縄本島、与論島までも見渡せる。④沖縄の二大名松の一つ、念頭平松。

⑤2022年の沖縄本土復帰50周年を記念して整備された北緯27度線のモニュメント。⑥ヤヘー岩。海岸から50メートルほど沖合いにあり、干潮時には歩いて渡れる。⑦フライパン島と呼ばれる野甫島にある無人島。⑧伊平屋ブルーに映える2匹のシーサー。⑨沖縄本島・沖宮の末社。⑩島尻の神アシアゲ。神女（ノロ）が神事を行う際に使われた。沖縄県の有形民俗文化財。

訪問先リスト

伊平屋天巌戸神社／田名神社／虎頭金神（伊平屋島）、セーナナー御嶽（伊計島）、ナスの御嶽（北中城村）

# 【伊平屋島】てるしの島で神話を紡ぐ

2024年3月

沖縄本島北部の今帰仁《なきじん》村にある運天《うんてん》港からフェリーで約80分。目の前に現れるのは、透明度抜群の「伊平屋《いへや》ブルー」と呼ばれる美しい海に囲まれた、神話の香り漂う島、伊平屋島です。この島は「てるしの」とも呼ばれ、太陽神を表す古語に由来するとされています。また、天照大神が隠れたとされる「天の岩戸伝説」が語り継がれ、神々の息吹を感じる特別な島なのです。

石垣島の尖閣神社で教えていただき、初めて知った「クバ」。島の北部にあるクバ山は、山全体がクバに覆われています。クバは大嘗祭で天皇が行われる禊の材料としても知られ、神聖な存在とされています。このクバ山には田名《だな》区の祖先が住んでいたとの言い伝えもあり、島の歴史や文化を語る上で欠かせない場所です。

さらに、この近くには日本最南端の「天の岩戸伝説」が残るクマヤ洞窟が存在します。洞窟の入口は巨岩に囲まれており、その中に足を踏み入れると、冷たい空気と共に神秘的で奇跡のような景色が広がり、感動で心が震えました。洞窟の奥には、ノロと呼ばれる琉球の神女たちが祈りを捧げたとされる祭壇があり、ここで行われる御神事は今も続いているとのこと。ふと入口を振り返ると、岩の隙間から差し込む陽光が神々しさを一層際立たせ、神話の中に迷い込んだような気分にさせられました。

島の南部へ向かうと、野甫《のほ》大橋を渡る手前で美しいグラデーションブルーの海が広がる米崎《よねざき》海岸を見ることができます。この橋を渡ると野甫島に到着。ここで目を引くのは「北緯27度線」の文字です。戦後、米軍支配下にあった沖縄と日本を隔てていた国境線がこの地を通っていたことを知り、歴史の重みを感じました。野甫島では、モズク漁を営む人々との出会いも印象的でした。収穫されたモズクを「食べていいよ！」とくださり、お話をうかがった方は、東京から数年前に移住してきたとのことでした。島らしいのどかで豊かな時間を感じるひとときでした。

島で最も心に残ったのは、現地の人々が大切に守る「ありのまま」の風景でした。子どもたちが夕方まで遊び、近所の人々が見守る昔ながらの光景は、時間がゆっくりと流れるこの島ならではの魅力です。伊平屋島は自然、歴史、文化が織り成す不思議な魅力に満ちた島。「神々と人々が共に息づく島」として、再び訪れる日が待ち遠しくなる特別な場所です。

ともこ's Recommend

**田名の浜**
神の訪れる木として大切にされたクバの原生林に覆われたクバ山が見えるパワースポット。

**虎頭岩（とらずいわ）**
前泊港が一望できる岩山。岩肌が虎の頭のように見え、拝所もある信仰の場である。

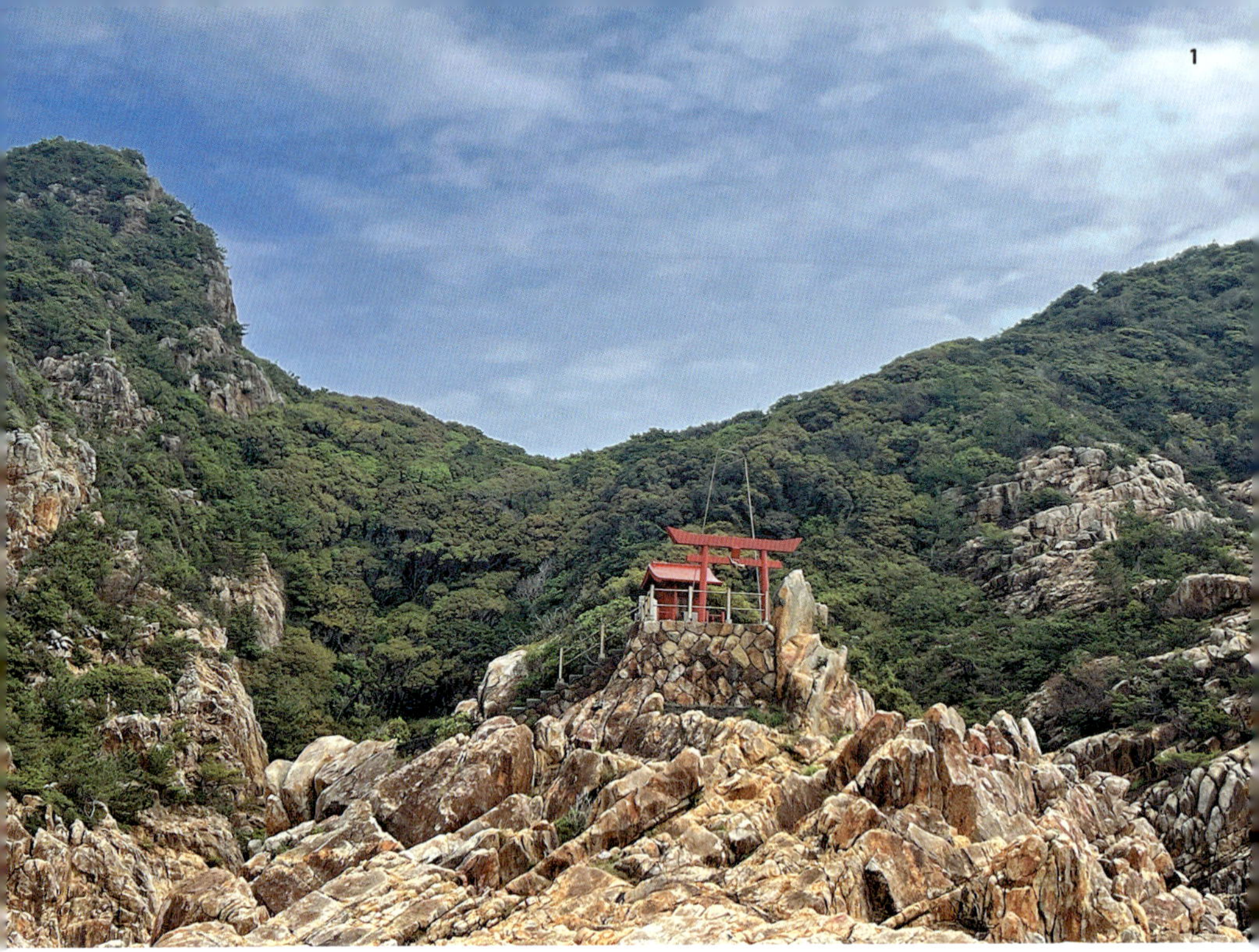
1

#29

# 四国最南端

Southernmost tip of Shikoku

3

2

①荒波に削られてできた断崖の上に建つ竜宮神社。②深い森と巨石が織り成す力強く神秘的な眺めの唐人駄場遺跡。巨石が並ぶ中を散策できる。③金剛福寺の大きな石像「大師亀」。頭をなでると御利益があると言われている。

④月山神社。⑤月山神社の御神体・三日月形の石。⑥高さ16メートル、幅17メートルの白山洞門。花崗岩洞門では日本一の大きさ。⑦透明度の高い海が話題の大月町柏島。⑧視界270度の展望台がある足摺岬。

## 【四国最南端】
# 黒潮がもたらす浄化の風に乗って

２０２４年４月

四国最南端に位置する足摺岬。黒潮の本流が直接ぶつかる、日本で唯一の場所です。高知県再訪の旅のテーマは「黒潮の流れに乗って」。その流れに導かれるようにして訪れた足摺岬は、太平洋の大パノラマと、独特の歴史・文化が共存する特別な地でした。

まず目指したのは足摺岬灯台。２７０度の広がりを見せる大海原と、地球そのものを感じるアーチ状の水平線が印象的な絶景スポットで、その雄大な景色は旅の期待感を高めてくれました。遊歩道を進むと、「足摺七不思議」と呼ばれる伝説の場所や、国内最大級の海食洞「白山洞門」を見つけることができ、国立公園ならではの自然散策が楽しめます。

この地には、四国八十八か所霊場の第三十八番札所「金剛福寺」があります。亜熱帯植物に囲まれた12万平方メートルの広さを誇る、弘法大師が修行したと伝えられる大寺院です。境内には極楽浄土を再現した庭園があり、そこに立つ

**訪問先リスト**

竜宮神社／白山神社／金剛福寺（第三十八番札所）（土佐清水市）、月山神社（大月町）、岩本寺（四万十町・第三十七番札所）、清瀧寺（土佐市・第三十五番札所）

#高知県　#四国　#国立公園

### ともこ's Recommend

**ジョン万次郎資料館**

土佐清水市で生まれ、日本人として初めてアメリカ大陸に上陸した経緯などを学べる。

**道の駅 ビオスおおがた（黒潮町）**

白砂青松の入野松原まで、歩いて1分！　黒潮香る場所にあり太平洋の眺望が素晴らしい。

と、遠い昔、最果ての地を極楽浄土と見立てた人々の思いが伝わってくるようでした。金運・身体健康（足腰）の御利益があるとされていて、ここでいただいた御朱印は、旅の中でも特に心に残る一枚となりました。

また、この地はジョン万次郎が生まれた場所としても有名です。彼が漂流した黒潮の海は、ただの大海ではなく、多様な文化や人の交流を育む場でもあったのです。足摺岬の岩場に立ち、潮の流れを感じた時、この海がもたらす力と可能性の大きさを実感しました。

旅の途中、秘境のパワースポット「竜宮神社」も訪れました。黒潮が打ち寄せる岩場に建つこの神社は、豊玉彦命と豊玉姫命を祀る静かな場所です。駐車場から約20分歩いた先で突然視界が開け、赤い鳥居が現れた時、その荘厳さに息を呑み、自然と神話が一体となった神秘的な雰囲気に心を奪われました。

最後は古代のロマンが息づく唐人駄場遺跡へ。縄文時代早期から弥生時代の石器や土器片が数多く出土し、高さ6〜7メートルもある巨石群から、天と地がつながるエネルギーを感じることができました。

滞在中は天候に恵まれず曇天が続きましたが、それでも足摺岬で見た風景、触れた歴史、そして味わった文化は、忘れがたい思い出です。ここには、黒潮が生み出す自然に寄り添った暮らしが残る、美しき聖地がありました。

#30

# 小値賀町・福江島

Ojika Town, Fukuejima Island

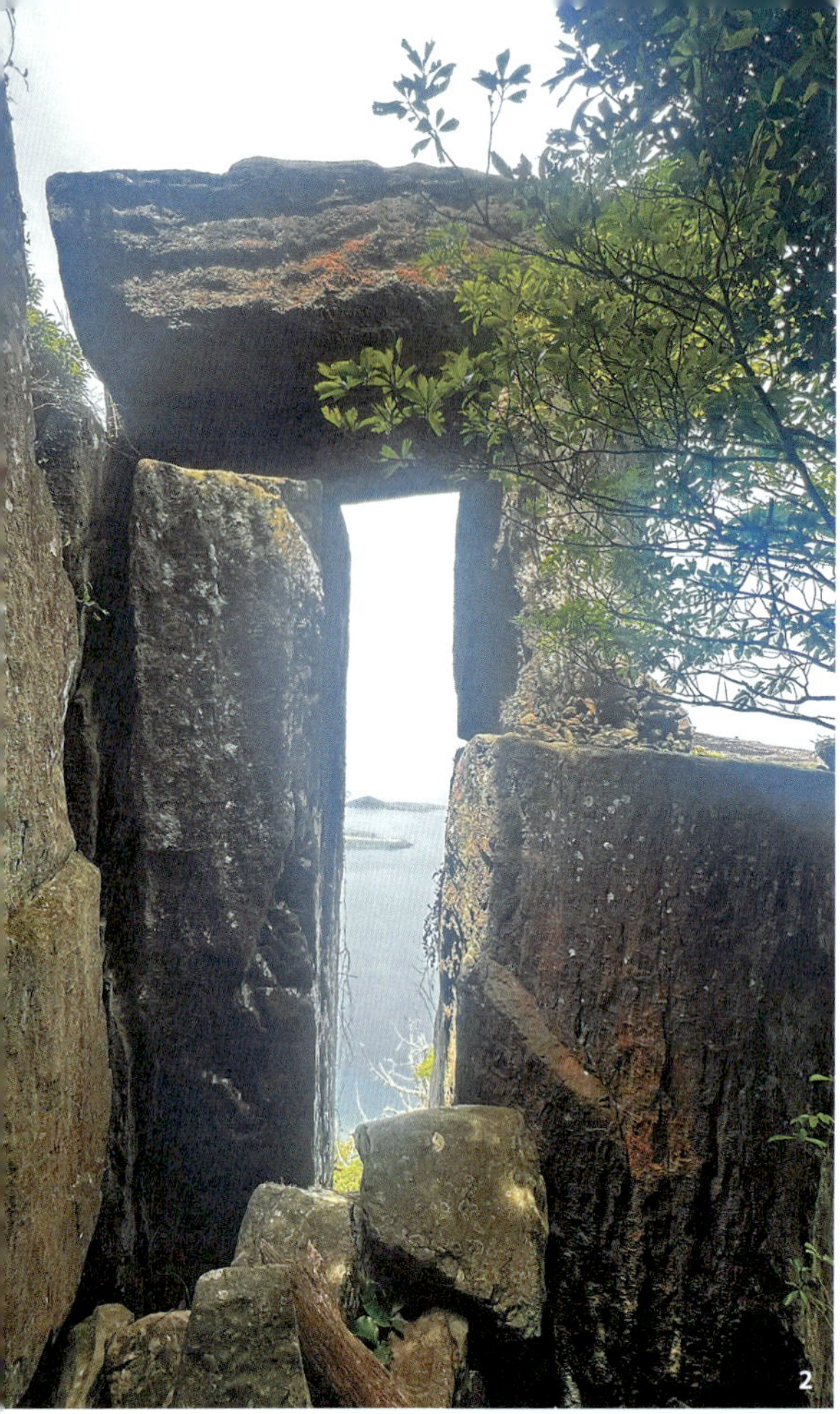

2

1

3

5

4

①沖ノ神嶋神社のお宮脇にある龍石。②野崎島にある「王位石」。この石の上に神島明神が現れたという伝説が残る。③小値賀島にある地ノ神島神社。700年代に遣唐使の航海安全を祈願し建てられたと言われている。④福江島にある堂崎教会。五島のシンボル的教会で、県指定有形文化財。⑤遣唐使や空海とゆかりの深い福江島・三井楽。⑥福江島の大瀬埼灯台。九州本土で最も遅い時間に夕陽が沈む。⑦日本遺産・白石のともづな石。

7

6

9

⑧世界第2位の規模を誇る小値賀のポットホール。⑨小値賀島にある五両ダキ。青い海と白い砂浜に海蝕により削り取られた赤土が映える。ダキは「崖」の意。

8

**訪問先リスト**

地ノ神島神社（小値賀町）、沖ノ神嶋神社／旧野首教会（野崎島）、白鳥神社／井持浦教会／堂崎教会／三井楽教会（福江島）

# 【小値賀町・福江島】
# 巨大ドルメンが見守る国境の海

2024年5月

#長崎県 #五島列島 #離島 #国立公園

長崎県の西方、東シナ海に浮かぶ五島列島。大小１５２の島々が連なり、その豊かな自然と歴史が独特の文化を育んできました。この旅の目的地は、小《お》値賀《ぢか》島とその東方に位置する野崎《のざき》島、そして五島列島最大の福江島。海と信仰、自然の調和が生み出す聖地を巡る旅が始まります。

旅の第一歩は小値賀島から。佐世保港から高速船で約1時間半。到着すると、なぜか我が家に帰って来たような島の空気が出迎えてくれました。「日本で最も美しい村」の一つに認定されたこの島は、遣唐使船や捕鯨船が行き交った歴史を持ち、現在もその風土が息づいています。訪れる人々を温かく迎え入れる島民のやさしさと、ゆったりと流れる時間に心が癒されました。

小値賀島での滞在も印象的でした。宿のご主人とスタッフの方々は、地域活性化のために尽力しており、島の魅力を伝えています。ふと思い立ち訪れた地元の居酒屋では、そこにいる皆が家族のようで話も盛り上がり、旅がより深い

### ともこ's Recommend

**鬼岳トレッキング**

福江島のシンボル的存在の鬼岳は、山全体が芝生に覆われ、360度の大パノラマを楽しめる。

**旧野首教会**

野崎島・世界遺産。建築家・鉄川与助が初めて手がけた煉瓦造りの聖堂。深い祈りの聖地。

ものになりました。

今回一番の目的地は野崎島。間近で一目見たいと熱望していた「王《お》位《え》石《いし》」です。日本版ストーンヘンジ?! 五島列島のドルメン（支石墓）と言われ、古代より崇められてきた聖地です。険しい山道を野崎集落から「沖《おき》ノ《の》神島《こうじま》神社」へ歩くため、必ずガイドツアーに参加し、休憩しながら2時間かけて到着します。天気に恵まれ、来ることができただけでも幸運！ 圧倒されるほどの姿に、古代人がどのような思いでこれを設置したのか、ロマンをかき立てられます。

最後に訪れたのは福江島。五島列島最大のこの島は、自然と歴史の宝庫です。世界遺産に認定された「堂崎天主堂」やカトリック教会が点在し、隠れキリシタンの祈りが今も息づいています。遣唐使たちの思いを伝える日本遺産・白石のともづな石も、手を合わせると心が温かくなるスポットでした。立ち寄った鬼岳は、福江島のシンボル的存在です。２０２３年、「未来に残したい草原の里１００選」に選ばれました。

人々の祈りが織りなす物語を追体験する五島列島の旅。それぞれの島が独自の魅力を持ち、訪れるたびに新たな発見があります。再びこの地を訪れ、まだ見ぬ場所や出会いを求めて旅を続けたいと思っています。

1

#31

# 越前・若狭

Echizen . Wakasa

3

2

①幻の島、御神島。周囲約3キロ、最高点は標高約195メートルと、大きさは福井県最大の島。②若狭姫神社。御祭神は豊玉姫命。③1300年の歴史を有する若狭彦神社。御祭神は彦火火出見尊(ヒコホホデミノミコト)。④福井県美浜町と若狭町にまたがる5つの湖、三方五湖。水鳥の貴重な生息地でもある。⑤黒龍神社(舟橋)。毎年2月中旬に無病息災を祈って行われる火祭り“左義長”が北陸最大の規模で行われる。

⑥九頭竜川の守護神として創建・毛谷黒龍神社。⑦日本海に面した海岸景勝地・蘇洞門。⑧岡太神社・大瀧神社の里宮。国の重要文化財に指定され、日本一複雑な屋根を持つ。

# 【越前・若狭】九頭龍に抱かれ御食国を辿る

2024年6月

**訪問先リスト**

毛谷黒龍神社／黒龍神社（舟橋）（福井市）、岡太神社・大瀧神社（越前市）、常神社／泉岡一言神社（若狭町）、若狭姫神社／若狭彦神社（小浜市）、氣比神宮（敦賀市）、永平寺（永平寺町）

日本海に面し、越前地方と若狭地方に分かれるこの地は、海と山に囲まれた自然豊かなエリアです。

まず、最初に向かったのは、地元で「くろたつさん」と呼ばれる四大明神の一つと言われる「毛谷《けや》黒龍《くろたつ》神社」です。九頭竜川を守り、降魔調伏の力で邪気を払うとされ、多くの参拝者が訪れます。また、地元の方々の手で大切に守られている「黒龍神社（舟橋）」では、神聖な空気と共に語り部のような地元の方の話を聞く機会に恵まれました。

次に向かったのは越前市にあり、日本一複雑な屋根を持つとされる「岡太《おかもと》神社・大瀧神社」です。上宮には二社の本殿が並んで建ちますが、下宮では本殿と拝殿が共有されていることから、二社の名前が併記される、大変珍しい神社です。岡太神社では日本で唯一「紙の神様」を祀り、苔むした境内は、芸術的な空間を生み、深く印象に残っています。

### ともこ's Recommend

**レインボーライン山頂公園 天空のテラス**

神秘の湖・三方五湖と日本海の景色を、魅力あふれる5つのテラスから楽しめる。

**JA福井県 梅の里会館**

若狭町特産の福井梅干し、梅ワインなど梅好きにはたまらない各種梅加工品が揃う。

旅のハイライトとなったのは常神《つねがみ》半島と御神島《おんかみじま》。近畿に点在する5つの聖地を結んでできる近畿五芒星が指し示す始まりの島・御神島がある若狭湾は、唐船渡来の玄関口として古代から重要な場所です。小浜市の若狭國一宮、「若狭彦神社」「若狭姫神社」から平安京→平城京→藤原京→熊野本宮へと、繁栄の歴史が刻まれています。常神半島はリアス海岸が特徴的で、その美しい地形は、以前、機内から見て龍の姿に映り、いつかは訪れたいと思っていました。

　夕暮れに差し掛かる頃、若狭姫神社と若狭彦神社を訪ねました。若狭姫神社にある千年杉は、圧倒的な存在感を放ち、その力強さに触れると心が凜とする感覚に包まれます。一方、若狭彦神社の参道は「癒しの道」と呼ばれ、木々に囲まれた道を歩いていると自然との調和を感じられます。夕日に照らされながらの参拝は、特別なひとときとなりました。

　古代より豊かな食を朝廷に納めていた若狭は御食国《みけつくに》と呼ばれ、日本遺産第一号に認定された後、２０２４年、全国で唯一の日本遺産プレミアムに選定されています。そんな越前・若狭の旅は、自然、歴史、食文化が一体となった体験そのもの。この地を歩きながら、古代の人々が信じ、守り続けてきた文化や、現代まで続く地域の誇りを強く感じました。神々と自然の力強いエネルギーが、そう感じさせてくれたのかもしれません。

1

6

#32

# 阿寒摩周国立公園・根室半島

Akan Mashu National Park, Nemuro Peninsula

5

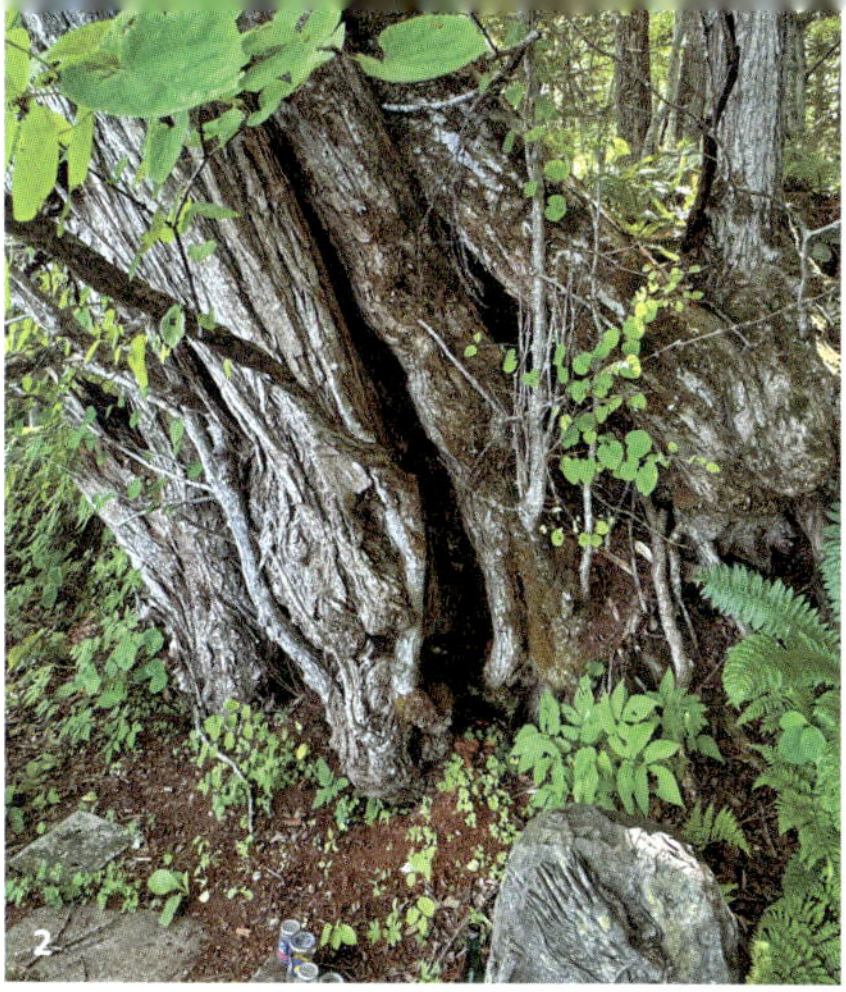

①アイヌ語で「カムイトー」（神の湖）と呼ばれ、崇められてきた摩周湖。②屈斜路湖のほとりにある龍の祠。大木の根元が龍の姿に見える。③美幌峠より望む屈斜路湖。④国の特別天然記念物・丹頂。⑤阿寒湖内に浮かぶ無人島、パワースポット・ヤイタイ島。⑥ヤイタイ島内にある白龍神社の祠。⑦根室市の金刀比羅神社。⑧市杵島神社が鎮座する弁天島。

# 【阿寒摩周国立公園・根室半島】果てしない大空と大地を駆ける

2024年7月

#北海道　#国立公園

北海道道東エリアに位置する阿寒摩周国立公園。ここには、千島火山帯の活動が生み出したカルデラ地形と雄大な自然が広がっています。

最初に目指したのは摩周湖……だったのですが、ナビの誤作動が起き、気がつくと屈斜路湖のすぐ近くまで来ていました。旅の途中でルートが変更させられるのも何かの導き……。まずは屈斜路湖畔にある「龍の祠《ほこら》」という隠れた名所を探しました。案内板はなく、クマザサをかき分けながら進む道のりは、スリルと発見の連続です。祠に到着すると、湖畔の静寂と神聖な空気が漂い、龍の気配を肌で感じました。

次にいよいよ摩周湖。「霧の摩周湖」とも呼ばれるこの湖は、その美しさが伝説となっているほど。この日は晴天に恵まれ、展望台から見た湖面は「摩周ブルー」と称される美しい青の世界が広がり、カムイシュ島を中心に360

**訪問先リスト**

龍の祠（弟子屈町）、白龍神社（ヤイタイ島）、阿寒神社／阿寒岳神社（釧路市）、金刀比羅神社（根室市）

ともこ's Recommend

**厚岸《あっけし》の食**

厚岸といえば牡蠣！　そして世界が注目・厚岸ウィスキー。海の幸と大地の恵みが味わえる。

**道の駅 ぐるっとパノラマ美幌峠**

眼下に日本屈指のカルデラ湖・屈斜路湖を一望できる美幌峠の頂上に位置する。

度のパノラマビューを楽しむことができました。

旅のハイライトの一つは、マリモ生息地として有名な阿寒湖にある「ヤイタイ島」への訪問です。この島には「白龍神社」があり、古くから「氣」が集まるパワースポットだと言われています。訪れるにはチャーター船が必要で、アクセスが難しいからこそ特別感が増すというもの。島に到着すると、新緑の中に佇む神社が現れ、その清らかな空気と静寂さが、今も心に残っています。湖上から美しい雄阿寒岳を眺め、阿寒湖アイヌコタンでアイヌ文化にも触れるひとときは、北海道の深い歴史を感じさせてくれるものになりました。

さて、湖の景色を堪能した後は、根室半島に向かい、「金刀比羅神社」に足を運びました。神社では、北方領土から持ち帰られた11社の御神体をお預りしていると聞き、その背景にある人々の祈りと努力に胸を打たれました。また、境内で偶然見つけた「根室湾入口に浮ぶ弁天島」の説明ガイドと、その中に書かれていた「オホーツク人」という言葉。日本の端っこや国境の島々を巡るごとに、人類学や考古学の奥深さに引き込まれていきます。旅の終わりに目指したのは、本土最東端である納沙布《のさっぷ》岬。ここは、北方領土が間近に見える特別な場所。流氷が流れ着き、ダイナミックな冬の情景を見ることができます。

大自然、文化、歴史のすべてを堪能できる贅沢な時間、そして、果てしなく広がる大地と大空に心洗われる、道東エリアの聖地巡りとなりました。

#33

# 礼文島・稚内

Rebunto Island, Wakkanai

4

①香深港から望む、利尻富士からの月の出。②映画『北のカナリアたち』の記念公園、北のカナリアパーク。③上空から利尻島と礼文島を望む。④礼文島に咲く花々が天井に描かれた厳島神社。⑤澄海岬。岬の先端の入り江は美しい弧を描く。⑥スコトン岬。正面は無人島・トド島。⑦稚内・北門神社は神職が常駐する日本最北の神社。⑧宗谷岬から見える樺太。⑨稚内副港市場にある稚内市樺太記念館。

6

5

8

7

9

# 【礼文島・稚内】日本最北にある花の浮島

2024年8月

#北海道　#国立公園　#離島

日本最北の離島、礼文島。その地に一歩足を踏み入れた瞬間から、澄み切った空気と静寂に包み込まれます。かつて大陸とつながっていたという太古の記憶を持つこの島は、ここにしか咲かない希少な固有種「レブンアツモリソウ」を含め、約300種もあることから、「花の浮島」と呼ばれる楽園です。8月のお盆明け、空路を経て、稚内港からハートランドフェリーに乗り込みました。2時間弱の船旅の途中、遠くに日本百名山の一つに数えられる利尻山（別名：利尻富士）の勇姿が見え隠れします。その姿は、北海道土産の定番「白い恋人」のパッケージにも描かれており、とても美しい山です。

着いた港は香深港《かふかこう》。港近くの宿に向かいながら、夏の夕暮れ時の美しい空を眺めていました。夕食時にはガラス越しに見える利尻富士から、ほぼ満月に近い大きなお月様が昇る様子を目にする幸運に恵まれたのです。そして、翌日は

**訪問先リスト**

礼文神社／見内神社／厳島神社（礼文島）、坂ノ下神社／北門神社（稚内市）

### ともこ's Recommend

**◇ 礼文島トレッキング**

ヒグマやヘビが生息しない島で、高山植物の魅力があふれる7つのトレイルを歩く。

**◇ 礼文町郷土資料館**

開館期間：5月1日～10月31日。
日本最北の縄文文化、遺跡など古代ロマンについて学べる。

日本最北限の地、スコトン岬近くの宿に移り、夜はまるでオーロラかと思うほどの幻想的な空が現れ、朝の4時に起きて見た日の出は、想像を遥かに超える絶景。昇る太陽を見ながら、波と風の音だけの世界が広がり、訪れた人だけが感じることのできる、神秘的で豊かな美しい時間に身を置くことができました。

礼文島は「日本最北の遺跡の島」としても知られています。島内の至る所に点在する遺跡からは、縄文時代の出土品が発見され、オホーツク文化の痕跡も残されています。まさに「北海道の歴史のタイムカプセル」と呼ぶにふさわしい、文化のクロスロード。島内を歩けば、どこからともなく鼻腔をくすぐる利尻昆布の出汁のいい香りが漂い、新鮮な海の幸の恵みを感じられます。特に、港近くの食堂でいただいたバフンウニ丼の味は格別でした。

島内にある「礼文神社」、「見内神社」、そして「厳島神社」に参拝しましたが、特に厳島神社の天井画は見事でした。自生する花々を描いたその絵は、礼文島の豊かな自然を象徴しているかのよう。御朱印をいただきながら、宮司のお話をうかがい、島の歴史に思いを馳せました。

帰路、最後の飛行機からも利尻富士を望むことができ、この土地との別れを惜しむように、その姿を目に焼き付けました。神々しい自然、太古からの歴史、豊かな食文化、そして人々の温かさ。この島で過ごした時間は、どの瞬間も本当に美しく、心癒される体験となりました。

2

1

3

#34

# 男鹿半島・三陸復興国立公園

The Oga Peninsula,Sanriku Reconstruction National Park

4

①重茂半島東に位置する魹ヶ埼(とどがさき)灯台。②龍泉洞。洞内に棲むコウモリとともに国の天然記念物に指定されている。現在も調査が継続中で未知の部分もまだまだ多い。③陸前高田・震災遺構「奇跡の一本松」。④大船渡市碁石海岸にある穴通磯。⑤太平洋上にある金華山(石巻市)。⑥東奥三大霊場の一つ、金華山黄金山神社。開運の神として信仰を集める。⑦日本で最も深い湖とされる田沢湖。⑧田沢湖の龍神・たつこ姫乃神を祀る御座石神社。⑨物部家ゆかりの神を祀る唐松山天日宮。⑩真山神社の御神木・榧(かや)の木。樹齢1100年余りの木は、慈覚大師の手植えと言われる。

## 【男鹿半島・三陸復興国立公園】澄み渡る美しき東北の青を知る

2024年9月

#秋田県　#岩手県　#宮城県　#国立公園

秋田の男鹿半島からスタートした東北の旅。男鹿半島と言えば、ナマハゲの里として有名ですが、男鹿真山《おがしんざん》伝承館をはじめ、「なまはげ柴灯《せど》まつり」が行われる「真山神社」や、ナマハゲの起源となった「赤神神社五社堂」を訪ねることで、より深くその歴史を知ることができます。白神山地や鳥海山を遠望できる寒風山は、360度の風景を楽しめる〝眺望・世界三景〟と謳われる場所。一度は訪れたい絶景の聖地です。また、その夜、宿の縁側から眺めた満天の星を忘れることはできません。これまでの人生で見たことのないほどの輝きを放ち、幾つもの流れ星が夜空を彩ります。ここには、心が欲するすべてがある……そんな贅沢な時間を過ごすことができました。

翌日は、田沢湖へ。日本一深い湖として知られるこの地には、二体の龍が眠るという言い伝えが残されています。その途上で立ち寄った、女一代守り神様

**訪問先リスト**

真山神社／赤神神社五社堂（男鹿市）、唐松神社／唐松山天日宮（大仙市）、角館総鎮守神明社（角館町）、御座石神社（仙北市）、御崎神社（気仙沼市）、金華山黄金山神社（石巻市）

### ともこ's Recommend

**なまはげ館・男鹿真山伝承館**

ユネスコ無形文化遺産「男鹿のなまはげ」の迫力ある実演を見ることができる。

**陸前高田・建築めぐり**

「気仙大工」発祥の地にユニーク建築物が次々と誕生し、新たな魅力となっている。

として知られるパワースポット「唐松神社」は、物部家ゆかりの神社。子宝の御利益で多くの参拝者を集めています。

岩手県に入ると、日本三大鍾乳洞の一つ、龍泉洞が待っています。第三地底湖は水深98メートルにも及び、その神秘的な青さは見る者の魂を吸い込むかのようでした。地球の神秘を目の当たりにしたような感動があり、ここで出会った「ドラゴンブルー」の色彩は、生命の源である水の神秘を物語っているよう。地球が水の惑星であることを思い出させる、母なる色でした。

三陸海岸では、大自然の力と人々の祈りが交差する風景に出会います。「森は海の恋人」という気仙沼の取り組みに象徴されるように、山から海へとつながる自然の循環の中で、人々は新しい未来を築こうとしています。大船渡では、親潮と黒潮が出会う豊かな海の恵みを味わい、碁石海岸では波が岩にぶつかる「雷石」の響きに耳を傾けました。そして陸前高田では、「奇跡の一本松」が太陽の光を受けて輝く姿に出会いました。東日本大震災から13年の時を経て、高台には新しい街並みが生まれ、松も大きく育ちつつあります。あの時の記憶を今に伝える建物は、祈りのモニュメントとして静かに佇んでいます。

自然との共生、震災からの復興、そして人々の祈りが生き続ける、新しい聖地の物語。山から海へ、そして大地から天へ。東北の聖地には、生きとし生けるものの命の営みが、深い祈りと共に息づいていました。

2

1

#35

# 伊計島・浜比嘉島・久高島

Ikeijima Island. Hamahigashima Island. Kudakajima Island

3

4

5

①伊計島の朝日は龍と宝珠を映す美景。②縄文時代晩期の伊計島・仲原遺跡。③浜比嘉島のアマミチューの墓。毎年正月に字比嘉のノロ（祝女）が中心となり、豊穣・無病息災・子孫繁昌を祈願する祭祀が行われる。④浜比嘉島にあるシルミチュー霊場。⑤浜比嘉島の比嘉拝所。竜宮神が祀られている。⑥琉球王国中山首里にある首里城。⑦城壁手前にある首里森御嶽（すいむいうたき）。⑧久高御殿があった場所・御殿庭（うどぅんみゃー）。⑨漂着した五穀の種子が入った壺の中から、麦の種子を最初に蒔いた場所・ハタス。⑩琉球開闢の祖アマミチューが降臨、あるいは上陸した聖地とされる、久高島のハビャーン（カベール岬）。植物群は国指定天然記念物。

# 【伊計島・浜比嘉島・久高島】遥かなるニライカナイへの旅

2024年10月上旬

#沖縄県 #世界遺産 #離島

沖縄本島から海中道路を渡り、金武湾《きんわん》に浮かぶ4つの美しい離島のうち、一番奥に位置する伊計島で1泊した後、導かれるように訪れたのは浜比嘉《はまひが》島。周囲わずか7キロほどの小さな島は、琉球開闢《かいびゃく》の神々が降り立った「神の島」として知られています。祖神アマミチューとシルミチューが暮らしたとされるシルミチュー霊場へ向かう途中、突然大きな蝶が舞い降りました。日本最大級の蝶・オオゴマダラの出現に、この地の神聖さを感じずにはいられません。108段の石段を登り切ると辿り着く、子宝の御利益で知られる霊場には、全国から訪れる参拝者の祈りが満ちていました。

神の島と呼ばれる久高島は、琉球神話の中心地として今なお多くの祭祀が守られています。入島の際はルールを守ると共に、お邪魔させていただく気持ちを常に持つことが大切です。神々しい空気に満ちた島では、島生まれのガイドのYさんの案内で、琉球王国時代、聞得大君《きこえおおぎみ》と国王が来島する際に使われてい

**訪問先リスト**

波上宮／沖宮（那覇市）、伊計神社（伊計島）、シルミチュー霊場／竜宮神（浜比嘉島）、フボー御嶽（久高島）、斎場御嶽／浜川御嶽（南城市）、園比屋武御嶽石門／首里森御嶽（那覇市・首里城公園）

ともこ's Recommend

- **朝日を浴びる**
  琉球神道における東方の海の彼方にある理想郷「ニライカナイ」を向いて朝日を拝む。
- **浜比嘉島・東の御嶽、久高島北部にある「精霊宿る多幸の木」のエネルギーに触れる**
  多幸の木（ガジュマル）の中で、リラックス効果を受け取る。

た港「君泊」・集落への入口「大君口」にまず立ち寄り、御挨拶の作法を教わりました。手を合わせた途端、やさしい風が吹き、神聖な気持ちに。数々の聖域を巡る中でも印象深かったのは、島の中で特に聖域とされるイシキ浜です。はるか昔、五穀の種子の入った白い壺が漂着したという伝説が残ります。久高島では途中、晴天から急に雨が降りました。「これは天の歓びの涙ですね」というＹさんの言葉に、感謝の気持ちがあふれました。

　琉球開闢の神々の足跡を辿りながら島々を巡る旅を終えて、どうしても糸満市にある平和祈念公園を訪れたくなりました。資料館で目にした「太平洋の要石」の文字。沖縄の役割を深く考えさせられ、目を閉じ静かに黙祷を捧げました。

　そして、旅の最後は首里城へ。火災から再建途中の姿に、力強く未来へ進む力強さを見ることができ、胸が震えました。

　沖縄は単なる観光地ではなく、深い祈りと感謝が生まれる聖地です。ニライカナイ（理想郷）から降り立ち島々を創ったとされる伝説が息づく島々には、自然との調和や平和への願いが、脈々と受け継がれていました。今なお守られ続ける祭祀の数々、そして刻まれた歴史は、現代を生きる私たちに、大切ななにかを伝えているように思えてなりません。

2

#36

# 小笠原諸島

Ogasawara Islands

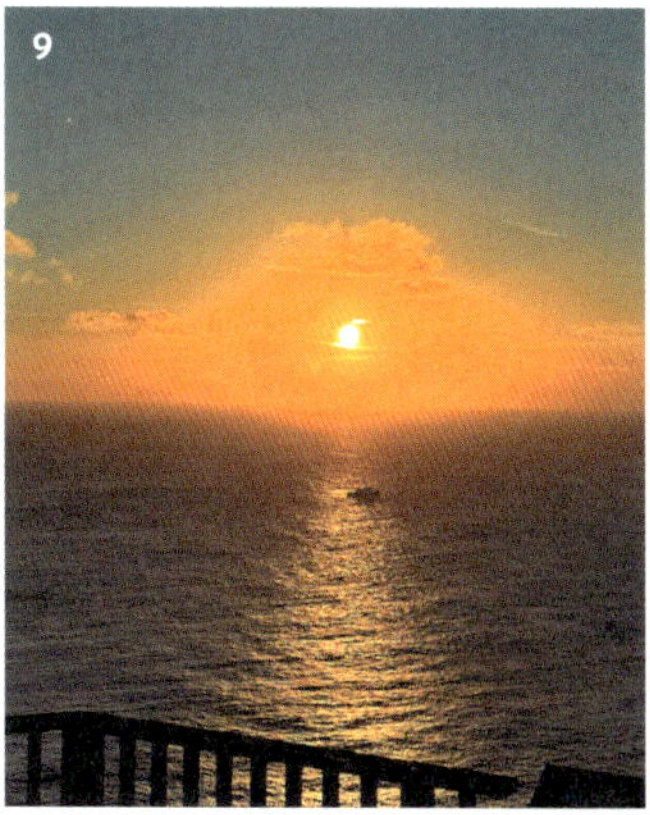

①サンゴ礁の隆起と沈降によってできた珍しい地形の南島。小笠原諸島を象徴する景観の一つ。②父島の千尋岩（ハートロック）。約260メートルの断崖にV字形に流れ込んだ赤土が、大きなハートのよう。③兄島を望める絶景スポット・長崎展望台。④中央山は標高約320m、島で一番高い山。⑤父島大神山に鎮座する大神山神社。⑥先史時代の痕跡・石野遺跡が残る北硫黄島。⑦太平洋戦争で屈指の激戦地、硫黄島。⑧厳重に原生自然が維持されている、南硫黄島。過去に人が定住した記録がなく、人為的な影響を受けていない。⑨ウェザーステーション展望台からの夕日。⑩世界自然遺産の島・母島と月光。

訪問先リスト

大神山神社／小笠原神社（父島）

# 【小笠原諸島】絶海の島であるがままの自分に還る

2024年10月下旬

東京から約１０００キロ離れた太平洋上に浮かぶ小笠原諸島。竹芝桟橋から24時間の船旅は、まるで別世界への旅立ちのようでした。父島、そして年に一度だけ巡る予定となる硫黄三島クルーズ。この旅は、日本の聖地巡礼の総仕上げとなりました。

父島の二見《ふたみ》港に到着すると、そこは南国の別天地。突如として海の色が変わり、「ボニンブルー」と呼ばれる深い青に出会います。ボニンは「無人（ぶにん）島」に由来し、太古から独自の生態系を育んできた神秘の地です。その日の夕方、船は硫黄三島へ向けて再出航。翌朝6時、最後の秘境といわれる南硫黄島の姿を拝むことができました。９１６メートルの断崖絶壁は雲霧に覆われ、太古からの姿を今に伝えています。続く硫黄島では、おがさわら丸から皆さんと共に献花を。この地に眠る魂への祈りと、平和への願いを新たにしました。

父島での日々は、地球の鼓動を感じる体験の連続でした。南島でのトレッキ

#東京都　#国立公園　#世界遺産　#離島

ともこ's Recommend

### 父島・星空観察

「マッチの星空屋さん」による星空観賞ナイトツアーで天体の神秘を感じることができる。

### おがさわら丸

船内を流れる小笠原古謡とデッキからの地球の景色を楽しみ、デジタルデトックスを味わう。

ングでは、90%以上が固有種という驚異的な自然環境に触れ、カタツムリの化石が転がる地層には太古の記憶が刻まれています。千尋岩（ハートロック）への道のりは険しくとも、Kちゃんの楽しいガイドのおかげでゴール。頂上からの眺めは圧巻！　水平線が地球の曲線を描く様は、まさに天空の展望所です。夜には星空ガイドのマッチさんと共におすすめスポットから宇宙を仰ぎ、織姫星（ベガ）が星の明るさの基準となっていること、私たちが「地球人」だけではなく「天の川人」であることも知りました。自然の神秘を前に、人は皆謙虚になり、宇宙の壮大さに思いを馳せるのです。また、印象深かったのは、島の人々の暮らしぶり。約2000人が暮らす父島では、子どもたちが裸足で遊び、海で泳ぐ姿が日常の風景として溶け込んでいます。懐かしさを覚える景色の数々は、この島の豊かさを物語っています。

　帰港の際、港では島の人々が見送りの儀式を行います。おがさわら丸を何隻もの船が追いかけ、手を振る光景は感動的です。最後に虹が架かり、まるで祝福を受けているかのような気持ちに……。この旅で見た景色、出会った人々、そして体験したことすべてが、人生観を変えるような深い印象を残しました。父島、母島、妹島、兄島という「家族」の名を持つ島々は、人と自然の調和を体現しているかのようです。文明の利便性とは異なる、本質的な豊かさとはなにかを教えてくれる、特別な聖地がありました。

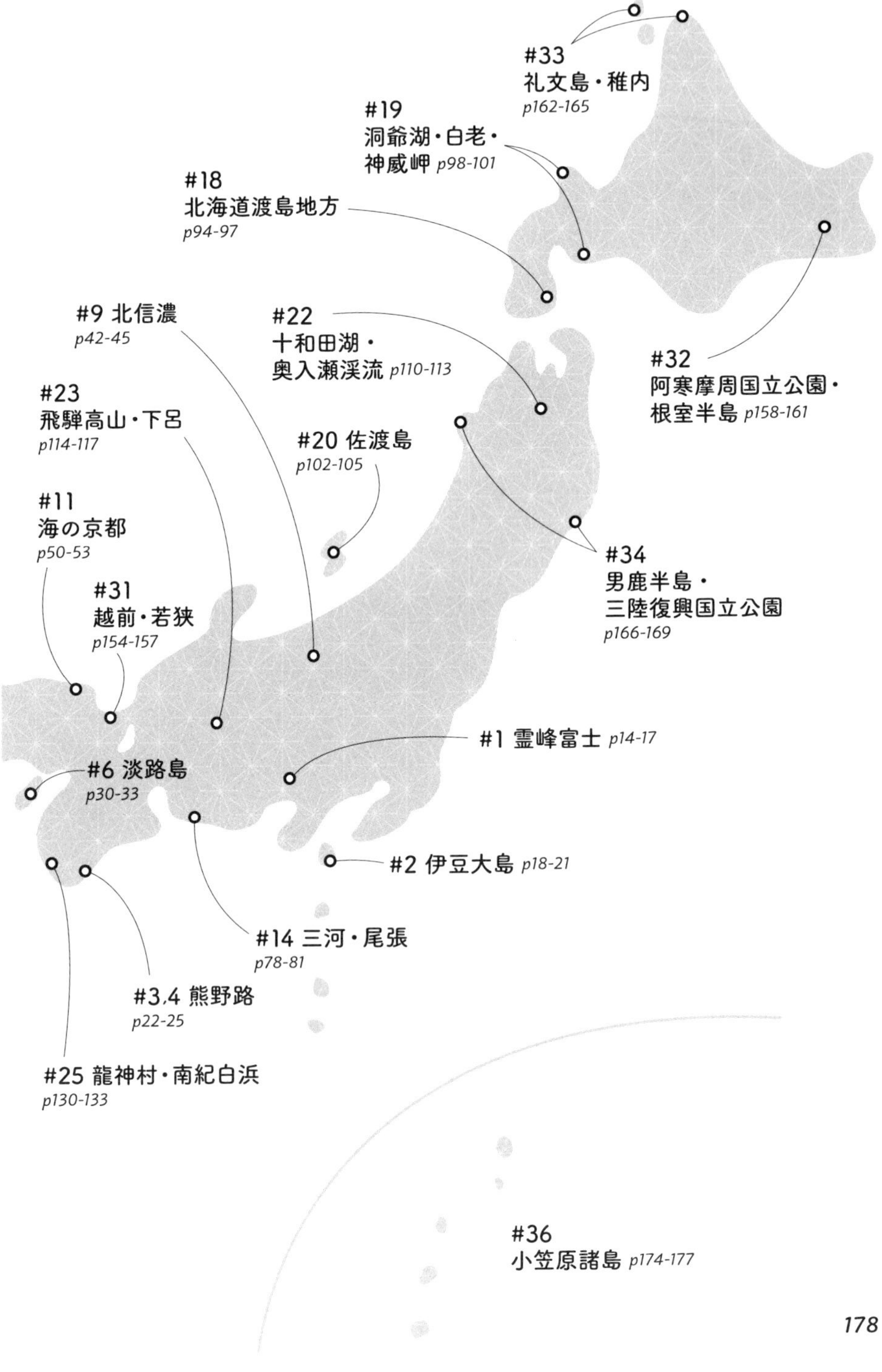

#33
礼文島・稚内
p162-165
#19
洞爺湖・白老・
神威岬 p98-101
#18
北海道渡島地方
p94-97
#9 北信濃
p42-45
#22
十和田湖・
奥入瀬渓流 p110-113
#32
阿寒摩周国立公園・
根室半島 p158-161
#23
飛騨高山・下呂
p114-117
#20 佐渡島
p102-105
#11
海の京都
p50-53
#34
男鹿半島・
三陸復興国立公園
p166-169
#31
越前・若狭
p154-157
#1 霊峰富士 p14-17
#6 淡路島
p30-33
#2 伊豆大島 p18-21
#14 三河・尾張
p78-81
#3,4 熊野路
p22-25
#25 龍神村・南紀白浜
p130-133
#36
小笠原諸島 p174-177

# "日本の聖地"MAP

各回ごとに、おおよその訪問地域を示しています。
各回のご紹介範囲が広いため、
大まかな地域の目安としてご覧ください。

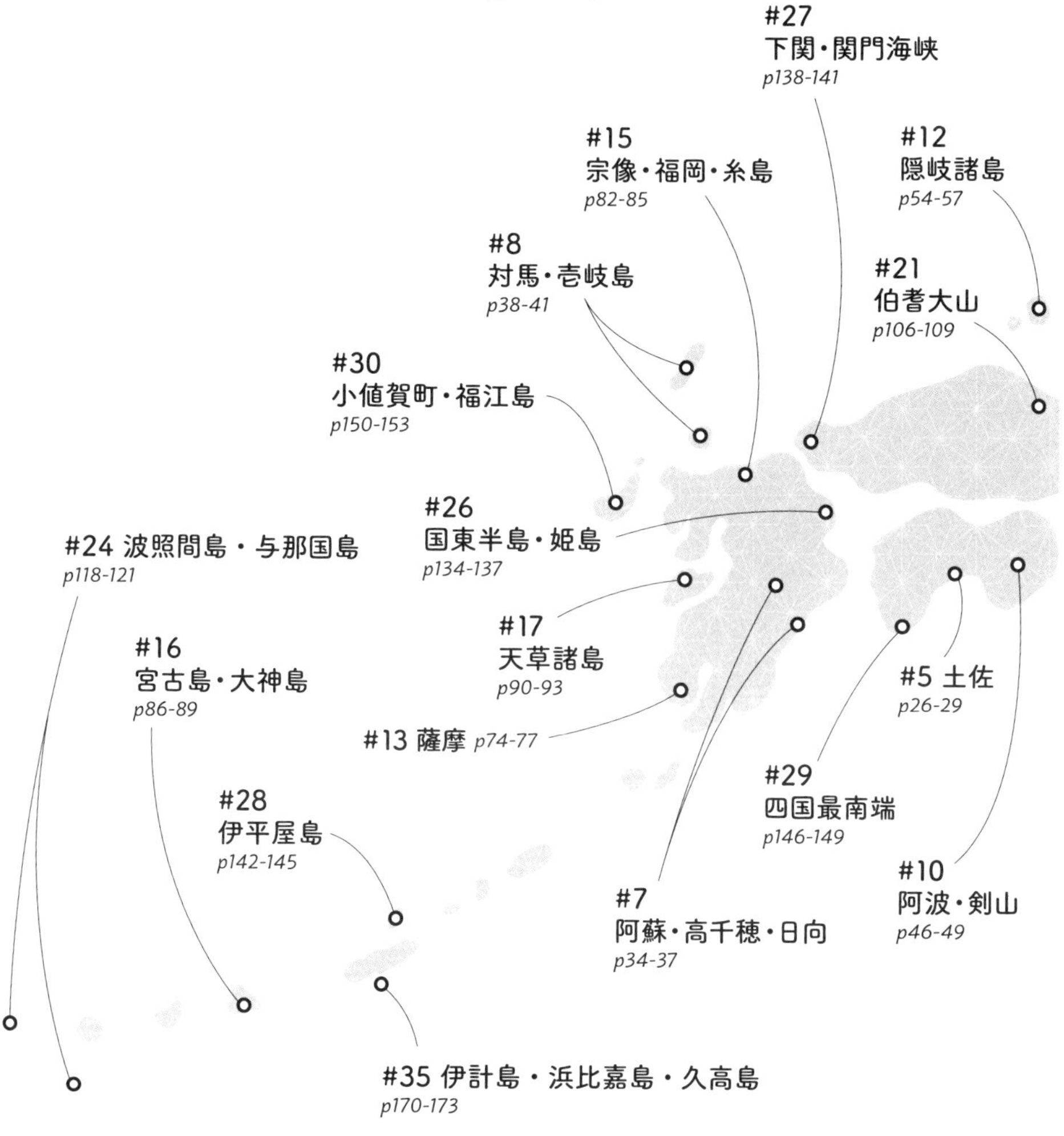

●3年間の聖地巡りで著者が訪れた神社仏閣・教会・御嶽をまとめてご紹介しています。
●情報は2025年2月現在のものです。名称や所在地等は変更される場合があります。

# INDEX

## あ


安乎岩戸信龍神社（兵庫県洲本市）……32
青島神社（宮崎県宮崎市）……36
赤神神社五社堂（秋田県男鹿市）……168
丹倉神社（三重県熊野市）……24
赤間神宮（山口県下関市）……140
阿寒神社（北海道釧路市）……160
阿寒岳神社（北海道釧路市）……160
秋元神社（宮崎県西臼杵郡高千穂町）……36
阿須賀神社（和歌山県新宮市）……24
阿蘇國造神社（熊本県阿蘇市）……36
阿蘇神社（熊本県阿蘇市）……36
熱田神宮（愛知県名古屋市）……80
虻田神社（北海道虻田郡洞爺湖町）……100
天岩戸神社・西本宮（宮崎県西臼杵郡高千穂町）……36
天岩戸神社・東本宮（宮崎県西臼杵郡高千穂町）……36
天橋立神社（京都府宮津市）……52
天安河原（宮崎県西臼杵郡高千穂町）……36
荒立神社（宮崎県西臼杵郡高千穂町）……36
壱岐神社（長崎県壱岐市）……40
生島足島神社（長野県上田市）……44
伊計神社（沖縄県うるま市〈伊計島〉）……172
伊弉諾神宮（兵庫県淡路市）……32
石神神社（青森県青森市）……112
泉岡一言神社（福井県三方上中郡若狭町）……156
出雲大社（島根県出雲市）……56
出雲大神宮（京都府亀岡市）……52
伊勢命神社（島根県隠岐郡隠岐の島町）……56
厳島神社（北海道礼文郡礼文町）……164
伊平屋天巌戸神社（沖縄県島尻郡伊平屋村）……144
忌宮神社（山口県下関市）……140
井持浦教会（長崎県五島市玉之浦町）……152
岩上神社（兵庫県淡路市）……32
岩木山神社（青森県弘前市）……112
岩倉神社（島根県隠岐郡隠岐の島町）……56
磐境神明神社（徳島県美馬市）……48
岩戸神社（兵庫県洲本市）……32
岩本寺（高知県高岡郡四万十町・第三十七番札所）……148
宇賀神社（愛知県蒲郡市）……80
宇佐神宮（大分県宇佐市）……136
牛尾神社（新潟県佐渡市）……104
宇受賀命神社（島根県隠岐郡海士町）……56
善知鳥神社（青森県青森市）……112
鵜戸神宮（宮崎県日南市）……36
鵜戸神社（宮崎県日向市）……36
産田神社（三重県熊野市）……24
永平寺（福井県吉田郡永平寺町）……156
蝦夷富士羊蹄山神社（北海道虻田郡倶知安町）……100
江田神社（宮崎県宮崎市）……36
えびす岩と大黒岩（北海道余市郡余市町）……100
大神山神社（東京都小笠原村父島）……176
大神山神社奥宮（鳥取県西伯郡大山町）……108
大劔神社（徳島県三好市）……48
大沼駒ヶ岳神社（北海道亀田郡七飯町）……96
大御神社（宮崎県日向市）……36
大元神社（大分県宇佐市）……136
大山神社（島根県隠岐郡隠岐の島町）……56
小笠原神社（東京都小笠原村父島）……176
岡太神社・大瀧神社（福井県越前市）……156
隠岐神社（島根県隠岐郡海士町）……56
沖宮（沖縄県那覇市）……172
沖ノ神嶋神社（長崎県北松浦郡小値賀町野崎郷）……152
小国両神社（熊本県阿蘇郡小国町）……36
御崎神社（宮城県気仙沼市）……168
小樽住吉神社（北海道小樽市）……100

鳴無神社（高知県須崎市）……28
おのころ島神社（兵庫県南あわじ市）……32
織幡神社（福岡県宗像市）……84
男嶽神社（長崎県壱岐市）……40

## か

皆瀬神社（和歌山県田辺市龍神村）……132
角館総鎮守神明社（秋田県仙北市角館町）……168
鹿児島神宮（鹿児島県霧島市）……76
風島弁天（新潟県佐渡市）……104
加紫久利神社（鹿児島県出水市）……76
川平観音堂（沖縄県石垣市）……120
神在神社（福岡県糸島市）……84
上一宮大粟神社（徳島県名西郡神山町）……48
神倉神社（和歌山県新宮市）……24
上色見熊野座神社（熊本県阿蘇郡高森町）……36
金持神社（鳥取県日野郡日野町）……108
賀茂御祖神社（京都府京都市）……52
唐松神社（秋田県大仙市）……168
唐松山天日宮（秋田県大仙市）……168
神崎神社（鳥取県東伯郡琴浦町）……108
北向観音・常楽寺（長野県上田市）……44
旧野首教会（長崎県北松浦郡小値賀町野崎郷）……152
清龍寺（高知県土佐市・第三十五番札所）……148
霧島神宮（鹿児島県霧島市）……76
霧島東神社（宮崎県西諸県郡高原町）……76
金華山黄金山神社（宮城県石巻市）……168
槵觸神社（宮崎県西臼杵郡高千穂町）……36
倶知安神社（北海道虻田郡倶知安町）……100
熊野那智大社（和歌山県東牟婁郡那智勝浦町）……24
熊野速玉大社（和歌山県新宮市）……24
熊野本宮大社（和歌山県田辺市）……24
倉岳神社（熊本県天草市）……92
黒龍神社（舟橋）（福井県福井市）……156
気多若宮神社（岐阜県飛騨市）……116
氣比神宮（福井県敦賀市）……156
毛谷黒龍神社（福井県福井市）……156
御座石神社（秋田県仙北市）……168
小島神社（長崎県壱岐市）……40
五所神社（高知県室戸市）……28
金刀比羅神社（北海道根室市）……160
小茂田浜神社（長崎県対馬市）……40
金剛福寺（高知県土佐清水市・第三十八番札所）……148

## さ

塞神社（長崎県壱岐市）……40
坂ノ下神社（北海道稚内市）……164
崎津教会（熊本県天草市）……92
崎津諏訪神社（熊本県天草市）……92
左京鼻龍神神社（長崎県壱岐市）……40
櫻井神社（福岡県糸島市）……84
櫻井大神宮（福岡県糸島市）……84
志賀海神社（福岡県福岡市）……84
青龍寺（高知県土佐市・第三十六番札所）……28
白石神社（大分県国東市）……136
白川吉見神社（熊本県阿蘇郡南阿蘇村）……36
白鳥神社（長崎県五島市玉之浦町）……152
白人神社（徳島県美馬市）……48
シルミチュー霊場（沖縄県うるま市〈浜比嘉島〉）……172
真山神社（秋田県男鹿市）……168
首里森御嶽（沖縄県那覇市・首里城公園）……172
神明宮（高知県室戸市）……28
須佐神社（島根県出雲市）……56
鈴木神社（熊本県天草市）……92
住吉神社（長崎県壱岐市）……40
住吉神社（山口県下関市）……140
斎場御嶽（沖縄県南城市）……172
セーナナー御嶽（沖縄県うるま市〈伊計島〉）……144

尖閣神社（沖縄県石垣市）…… 120
善光寺（長野県長野市）…… 44
千人堂（大分県東国東郡姫島村）…… 136
善楽寺（高知県高知市・第三十番札所）…… 28
象山神社（長野県長野市）…… 44
園比屋武御嶽石門（沖縄県那覇市・首里城公園）…… 172

た

大黒神社（愛知県蒲郡市）…… 80
大山寺（鳥取県西伯郡大山町）…… 108
大連神社（山口県下関市）…… 140
高千穂神社（宮崎県西臼杵郡高千穂町）…… 36
高照神社（青森県弘前市）…… 112
高任神社（新潟県佐渡市）…… 104
竹野神社（京都府京丹後市）…… 52
多久頭魂神社（長崎県対馬市）…… 40
焼火神社（島根県隠岐郡西ノ島町）…… 56
龍城神社（愛知県岡崎市）…… 80
立石神社（島根県出雲市）…… 56
田名神社（沖縄県島尻郡伊平屋村）…… 144
玉置神社（奈良県吉野郡十津川村）…… 24
玉若酢命神社（島根県隠岐郡隠岐の島町）…… 56
壇鏡神社（島根県隠岐郡隠岐の島町）…… 56
智恩寺（京都府宮津市）…… 52
千歳神社（愛知県蒲郡市）…… 80
地ノ神島神社（長崎県北松浦郡小値賀町）…… 152
鎮國寺（福岡県宗像市）…… 84
津神神社（新潟県佐渡市）…… 104
月山神社（高知県幡多郡大月町）…… 148
月讀神社（長崎県壱岐市）…… 40
常神社（福井県三方上中郡若狭町）…… 156
都農神社（宮崎県児湯郡都農町）…… 36
劔山本宮劔神社（徳島県美馬市）…… 48
剱山本宮宝蔵石神社（徳島県美馬市）…… 48
劒神社（徳島県三好市）…… 48
堂崎教会（長崎県五島市奥浦町）…… 152
唐浜神社（高知県安芸郡安田町）…… 28
洞爺湖中島（北海道虻田郡洞爺湖町）…… 100
戸隠神社（奥社、中社、宝光社、
九頭龍社、火之御子社）（長野県長野市）…… 44
土佐神社（高知県高知市）…… 28
豊功神社（山口県下関市）…… 140
虎頭金神（沖縄県島尻郡伊平屋村）…… 144
十和田神社（青森県十和田市）…… 112

な

中山神社（山口県下関市）…… 140
ナスの御嶽（沖縄県中頭郡北中城村）…… 144
波上宮（沖縄県那覇市）…… 172
新井崎神社（京都府与謝郡伊根町）…… 52
丹生神社（和歌山県田辺市龍神村）…… 132
ニセコ狩太神社（北海道虻田郡ニセコ町）…… 100
日輪神社（岐阜県高山市）…… 116
沼島八幡神社（兵庫県南あわじ市）…… 32

は

白山神社（高知県土佐清水市）…… 148
白龍神社（北海道釧路市）…… 160
箱崎八幡神社（長崎県壱岐市）…… 40
函館八幡宮（北海道函館市）…… 96
八大龍王神社（新潟県佐渡市）…… 104
八大龍王水神（宮崎県西臼杵郡高千穂町）…… 36
八大龍神社（愛知県蒲郡市）…… 80
八幡奈多宮（大分県杵築市）…… 136
服織神社（愛知県一宮市）…… 8 0
花の窟神社（三重県熊野市）…… 24
浜川御嶽（沖縄県南城市）…… 172
漲水御嶽（沖縄県宮古島市）…… 88
彦島八幡宮（山口県下関市）…… 140
飛騨山王宮日枝神社（岐阜県高山市）…… 116

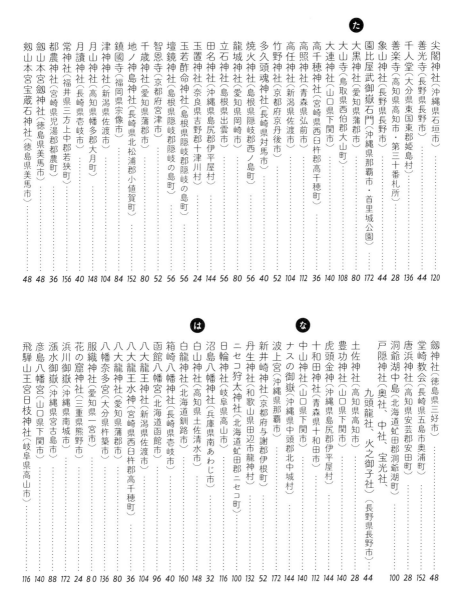

日御碕神社（島根県出雲市）……56
比売語曽社（大分県東国東郡姫島村）……136
日吉神社（鳥取県米子市）……108
枚聞神社（鹿児島県指宿市）……76
飛瀧神社（和歌山県東牟婁郡那智勝浦町）……24
福徳稲荷神社（山口県下関市）……140
富士山本宮浅間大社（静岡県富士宮市）……16
船魂神社（北海道函館市）……96
フボー御嶽（沖縄県南城市〈久高島〉）……172
鳳来山東照宮（愛知県新城市）……80
北門神社（北海道稚内市）……164
星神社（和歌山県田辺市龍神村）……132
最御崎寺（高知県室戸市・第二十四番札所）……28

## ま

真清田神社（愛知県一宮市）……80
眞名井神社（京都府宮津市）……52
三井楽教会（長崎県五島市三井楽町）……152
水若酢神社（島根県隠岐郡隠岐の島町）……56
みそぎ御殿（宮崎県宮崎市）……36
見内神社（北海道礼文郡礼文町）……164
水無神社（岐阜県高山市）……116
水無神社奥宮位山（岐阜県高山市）……116
三原神社（東京都大島町）……20
宮古神社（沖縄県宮古島市）……88
宮崎神宮（宮崎県宮崎市）……36
宮崎八幡宮（宮崎県宮崎市）……36
宮地嶽神社（福岡県福津市）……84
宗像大社・沖津宮遙拝所（福岡県宗像市）……84
宗像大社・中津宮（福岡県宗像市）……84
宗像大社・辺津宮（福岡県宗像市）……84
和布刈神社（福岡県北九州市）……140
女嶽神社（長崎県壱岐市）……40
元伊勢籠神社（京都府宮津市）……52
文殊仙寺（大分県国東市）……136

## や

八百富神社（愛知県蒲郡市）……80
矢越八幡宮（北海道松前郡福島町）……96
大和大国魂神社（兵庫県南あわじ市）……32
倭大國魂神社（徳島県美馬市）……48
山宮浅間神社（静岡県富士宮市）……16
湯倉神社（北海道函館市）……96
諭鶴羽神社（兵庫県南あわじ市）……32
夢崎明神（山口県下関市）……140
由良比女神社（島根県隠岐郡西ノ島町）……56

## ら

雷公神社（北海道上磯郡知内町）……96
竜宮神（沖縄県うるま市〈浜比嘉島〉）……172
龍宮神社（鹿児島県指宿市）……76
竜宮神社（高知県土佐清水市）……148
龍光大神（長崎県壱岐市）……40
龍蛇神社（長崎県壱岐市）……40
龍の祠（北海道川上郡弟子屈町）……160
礼文神社（北海道礼文郡礼文町）……164
六所神社（福岡県糸島市）……84

## わ

若狭彦神社（福井県小浜市）……156
若狭姫神社（福井県小浜市）……156
度津神社（新潟県佐渡市）……104
海神神社（長崎県対馬市）……40
和多都美神社（長崎県対馬市）……40
海津見神社（龍王宮）（高知県高知市）……28

# あとがき ～旅を終えて～

今朝も我が家には小笠原古謡が流れています。

２０２４年10月に36回目の取材地・小笠原諸島の旅を終え、二見港を出発する時に聞こえた「いってらっしゃい！」「いってきます～！」の声が、私の心の中でこだましています。

日本の聖地を巡る総移動距離７万キロの旅は、振り返ってみると、奇跡の連続でした。

スタートした２０２２年は、まだ世の中がどこかぎこちなく、未来への不安がないと言えばウソになる……。今では考えられませんが、羽田空港はガラガラで、新幹線もほとんどが空席でした。マスクをして常に手を消毒するという習慣は、今でこそ懐かしく思えますが、旅をすること自体が、良くないことのように思えていた時でもありました。だからこそ、ちょっとした出来事に感動しました。

隠岐の島町にある羽衣荘さんで、２０２２年そして２０２３年と宿泊した時のこと。チェックアウトの際「去年も泊まらせていただき、今年もありがとうございました」とお伝えすると、「去年も隠岐まで来ていただいてたんですね！　本当にありがとうございました。フェリーでどうぞ食べてください」と受付にあったお土産用のお饅頭の箱を持たせてくださいました。

みんなが苦しかったコロナ禍。何か特別なことをしなくても、人と人は会うことで温かなぬくもりを感じることができる……。他にも、同じようなことが沢山ありました。

特に２０２２年はそういう一年だったと言えます。長野県高山村、徳島県祖谷温泉郷で、宿を後にした時、車のミラーに映る、いつまでも大きく手を振ってくださる従業員の方々の姿。兵庫県南あわじ市では、チェックアウト後、お別れの挨拶を言いに駐車場まで駆けてきてくれた、社会人1年目の宿のスタッフ・Yちゃんの姿。今でもはっきりと思い出すことができます。旅は「一期一会」。『家庭画報』での連載がスタートした年は、様々な経験から「今という瞬間が、とても尊いものである」と、誰もが学び感じていた時でした。

「日本の聖地を訪ねて」ではトータルで3年間、2泊3日の旅を平均として、取材を繰り返していました。離島を訪れる時の予定表は、まるでパズルを完成させるかのよう。飛行機と船のスケジュールを確認し、レンタカーや島では特に大事になる宿の予約など、ひとり旅ならではの楽しさと苦労がありました。

「奇跡の連続」……。一番には天候があげられます。「見えたぁ～！」と何度叫んだことか!!　特に鮮明に記憶に残っているのが、福岡県宗像市大島にある沖津宮遥拝所近くの駐車場から、海岸まで走って行った時のこと。走りながら、心の中で「見たい……見たい……」とずっと思い続け、海の彼方に沖ノ島の島影が見えた時、涙が出そうなほど感動しました。与那国島が飛行機から見えた時も、また、稚内から樺太が見えた時も、それと同じ感動がありました。

「国境」は、黒潮の流れに乗って旅をしてきた中で現れたキーワードです。石垣島・尖閣神社奥宮に鎮座する、魚釣島から持ち帰られたという祠に出会って以来、それまでは自分でも気づかなかった「なにか」に導かれるように、日本を愛した先人たちへの、祈りの巡礼へとつながっていきました。そして、下関では大連神社、根室では金比羅神社を訪ねることになったのです。

結局、導かれてどこに私は辿り着くのか……。今、この原稿を書きながら、長野県小諸市の祖母の家で過ごした夏休みに聞いていた『椰子の実』（島崎藤村）の歌詞を思い出します。

名も知らぬ　遠き島より　流れ寄る　椰子の実一つ　故郷《ふるさと》の岸を離れて　汝《なれ》はそ
も　波に幾月

旅に出ると色々なことがきっかけとなり、日常の中では当たり前すぎて見落とされてしまうこと、祖母との思い出や、子どもの頃に夢中になっていたことなどに、気づかせてくれます。その気づきの一つひとつが次の行動を生み、まるで答え合わせををしているかのように旅が続き、見えなかった自分が浮かび上がってきたのです。

聖地の持つチカラってなんだろう……?


「出会いの場」は「聖地」であり、「聖地」とは「出会いの場」のことである
そう思えた時、「クスッ」……ある光景が目に浮かびました。

徳島県を訪れていた時、いつものようにレンタカーを運転しながら、目の前のバスにふと目が留まりました。バスに書かれていた行き先は「であい」。「??」。最初はその意味がわからず、「大勢で集まるイベントか何かに行く専用バスなのかな……」と思ったものの、気になったので調べてみたら、「三好市出合」という地名があり、そこに向かうバスだったのです。

偶然目の前を走っていた一台のバスが「であい」行き。

不思議なものです。この運命的(?!)な出会いに導かれるかのように、聖地への旅は続いていきました。


土地との出会い、八百万の神々との出会い、食との出会い、人々との出会い……。

そして、最後に待っていたのは「自分との出会い」でした。

2024年、最後の一年は、聖なる地で、すべての出会いが重なりました。36回目に訪れた小笠原諸島。硫黄三島をこの目で見ることができたのも、偶然ではなく必然。あの時ふと思って行動しなかったら、硫黄三島クルーズのおがさわら丸に

乗船することはありませんでした。

父島で、日本一きれいな星空を見上げ、島育ちのマッチさんが宇宙を旅するかのようなガイドをしてくださり……日本列島を旅してきたすべての想いが蘇りました。

宿の女将さん、従業員の方々、各レンタカー会社ではとても親切にしていただきました。

神社、ビジターセンター、道の駅などでは、インターネットからでは知ることのできない素敵なお話をたくさん教えていただきました。

地元を愛するガイドの皆さんからは、土地への熱い思いを受け取らせていただきました。

そして、どうしてもお礼を伝えたい方々がいます。

今回の旅では、一度たりとも交通機関の変更・キャンセルがありませんでした。

飛行機、電車、フェリー……一つでもずれれば、取材したい場所をすべて回ることはできませんでした。安心安全の旅を、ありがとうございました。

また、各地域、必ずと言っていいほど道路整備（がけ崩れ、水の氾濫など）が行われており、お陰で安全無事に旅を終えることができたことと、各地域の皆さんの仕事に真摯に取り組む姿に、感謝しかありません。


『山も海も川も、日本は圧倒的に美しい』

今回出会った中で一番好きで、大切にしたいと思っている言葉。

いちゃりばちょーでー（沖縄方言：一度会ったら皆兄弟）

心の中で唱えるたびに、出会ってきたすべてのご縁に、感謝の気持ちがあふれます。

＊＊＊＊＊＊＊＊＊

２０２５年１月５日。私は羽田空港にいました。行く先は「のと里山空港」。輪島に向かいます。

偶然テレビで能登半島の特集を見て、最後に一言とマイクを向けられた方の「輪島に来てください」という言葉を聞き、「聖地の連載で行くことが叶わなかった能登へ今こそ行こう」。そう思ったのでした。

岩手県宮古市役所の建物の窓に貼ってあった「能登の一日も早い復興を」の文字。沖縄県伊平屋島の海岸沿いに置かれていたブイに書かれた「がんばろう　ほくりく　いしかわ」の文字。

思い出しながら、輪島に着きました。

重蔵神社で参拝の後、地元の方と話しながら美味しい海鮮丼をいただき、酒屋さんで能登のお酒を買い、海を眺めて大きく深呼吸。

4時間という短い滞在ではありましたが、輪島でも多くの出会いがありました。聖地巡礼の旅はこれからも続いて行く……。「東を向いた馬」は朝日を求めて、また旅に出たいようです。

地球という美しい星が輝き続けることを切に祈り、筆を置きたいと思います。

*********

最後になりましたが、数秘術の本に引き続き、今回も制作にあたり素晴らしいご縁をいただけたことに深く感謝申し上げます。

担当編集の丸井富美子さん、ライターの神崎典子さん。3年間の旅を1冊にまとめるという壮大な作業でしたが、時間を忘れてしまうほど、楽しい時間でした。今回も本当にありがとうございました。デザイナーの庄子佳奈さん、新時代の大人の旅にぴったりのふんわり軽やかなデザインをありがとうございました。龍起さん、ありがとうございました。

また、3年間、連載を担当してくださった家庭画報編集部の木原純子さん、松崎有悟さん。音声収録の時間はとても楽しいものでした。ありがとうございました。

令和六年、連載の新たな題字を書いてくださった大御神社・新名昭彦禰宜、素晴らしい書を誠にありがとうございました。

そして、３年間、「日本の聖地を訪ねて」の連載を読んでくださった読者の皆さまに、この場を借りて心より御礼申し上げます。いただいたおはがきが、旅へのパワーになりました。

旅の仕事をずっと応援してきてくれた最愛の家族に、心から感謝を込めて。

２０２５年３月

ともこ

**文・写真／ともこ**

エッセイスト・数秘研究家。1969年東京生まれ。慶應義塾大学文学部美学美術史専攻卒。2022年から2025年まで雑誌『家庭画報』にて連載企画「日本の聖地を訪ねて」の取材・撮影・執筆をひとりで担当。特にiPhoneで撮影した絶景写真に、多くのファンを持つ。
ベストセラー『誕生日が教えてくれる本当のあなた』『もっと！誕生日が教えてくれる本当のあなた』（ともに小社刊）の著者でもある。


**● もっと「日本の聖地を訪ねて」をお楽しみください**

『家庭画報』連載時に収録したものです。
取材当時の熱い想いや、楽しい裏話を聴くことができます。

著者のInstagramでは、旅の絶景写真を公開中。
本書に掲載しきれなかった美しい写真の数々をぜひご覧ください。
@tomoko_635


# 日本の聖地を訪ねて

発行日　2025年3月6日　初版第1刷発行

| | |
|---|---|
| 著　　者 | ともこ |
| 発 行 者 | 岸 達朗 |
| 発行・発売 | 株式会社世界文化社<br>〒102-8187<br>東京都千代田区九段北4-2-29 |
| 電　　話 | 03-3262-5124（編集部）<br>03-3262-5115（販売部） |
| 印刷・製本 | 株式会社リーブルテック |




ISBN 978-4-418-25208-4





本書は雑誌『家庭画報』（小社刊）2022年4月号～2025年3月号に掲載された連載「日本の聖地を訪ねて」をベースに、大幅に加筆し、編集したものです。

本書に掲載されている商品や施設などの情報は、2025年2月1日現在のものです。各情報は諸事情により変更されることがあります。最新情報は各所にお問い合わせください。


Staff

● ブックデザイン
庄子佳奈（marbre plant inc.）

● イラスト
mutsumi

● 静物撮影
中島里小梨
（世界文化ホールディングス）

● DTP製作
株式会社明昌堂

● 校正
株式会社円水社

● 編集協力
神崎典子

● 編集
丸井富美子